Birgit Winterhoff

Hoffnung hält lebendig

Impulse für heute und morgen

D1876531

aussaat

© 2010 Aussaat Verlag
Neukirchener Verlagsgesellschaft mbH,
Neukirchen-Vluyn
www.nvg-medien.de
Umschlaggestaltung: Andreas Sonnhüter, Düsseldorf, unter Verwendung eines Bildes von Anna-Lena Thamm/cydonna/photocase.com
Lektorat: Marlis Büsching, Kassel
DTP: Breklumer Print-Service, Breklum
Verwendete Schriften: Sabon und Optima
Druck und Verarbeitung: Fuck Druck, Koblenz
Printed in Germany
ISBN 978-3-7615-5759-4

Inhalt

Vorwort

Hoffnung hält lebendig. Hoffnung zeigt Perspektiven auf, gibt Mut und Kraft. Sie befähigt dazu, nicht aufzugeben, sondern dranzubleiben, auch wenn es schwierig wird, konkrete Schritte zu gehen. Hoffnung richtet auf die Zukunft aus. Und Hoffnung ist ein Geschenk und fällt uns zu. Andere Menschen stecken uns an mit ihrer Hoffnung. Der Glaube nährt die Hoffnung. Letztlich ist es Gott, der die Hoffnung stärkt.
Die vorliegenden Texte sind Hoffnungsgeschichten. Geschrieben für die Hörerinnen und Hörer des Westdeutschen Rundfunks. Andachten im Rundfunk sind zwischen 3 Minuten 30 Sekunden und 3 Minuten 50 Sekunden lang. Ein Gedanke soll die Hörer den Tag über begleiten. In den wenigen Minuten möchte ich auf den christlichen Glauben, auf Jesus Christus aufmerksam machen. Die Texte sind einladend, lebensnah und aktuell.
Im vorliegenden Buch sind Beiträge aus vielen Jahren gesammelt. Das Datum daunter zeigt, wann der Beitrag gesendet wurde. Manche Andachten wurden für das Buch behutsam aktualisiert.
Lassen Sie sich einladen, neue Schritte im Glauben zu wagen, an der Hoffnung festzuhalten. Und andere mit Hoffnung anzustecken!

Birgit Winterhoff Bielefeld, im November 2009

Das Buch der Bücher

Der Bestseller

Stellen Sie sich vor, eine Bibel schreibt Tagebuch:
5. Februar: Heute war Hausputz. Wurde abgestaubt und zurück an den alten Platz gestellt. Der Goldschnitt glänzt wieder. 20. März: Wurde aus dem Regal geholt. Mein Besitzer löste ein Kreuzworträtsel. Er schlug das Inhaltsverzeichnis auf und suchte nach einem Begriff. Prophet mit vier Buchstaben. 23. April: Mir wurden Frühlingsblumen zwischen die Seiten gelegt, zum Pressen. Die Blumen trocknen, ich setze Staub an.
Das alles kann man mit Büchern machen. Dazu geschrieben sind sie nicht. Es gibt Bücher, bei denen man auch den Inhalt kennen sollte. Gute Bücher beeinflussen nicht nur das Denken, Fühlen, Reden und Handeln. Sie beeinflussen das ganze Leben. *„Sag mir, was du liest, und ich sage dir, wer du bist“*, könnte man in Abwandlung eines Sprichwortes sagen.
Jesus erzählt in einem Gleichnis die Geschichte eines Tagelöhners, der bei der Feldarbeit auf einen verborgenen Schatz stößt. Jahr für Jahr hat der Mann den Acker, der ihm nicht gehört, gepflügt, ohne zu ahnen, was darin verborgen ist. Und dann, mitten in der alltäglichen Arbeit, geschieht etwas, das das Leben dieses Mannes aus der gewohnten

Bahn wirft, es von Grund auf verändert. Er hat den Fund seines Lebens gemacht. Unvermutet, unvermittelt, der Schatz im Acker! Alles, was er hat, setzt der Mann ein, den Acker zu kaufen, um an den Schatz zu gelangen, sich diese lebenswichtige Entdeckung zu sichern.

Bis zum heutigen Tag geschieht es, dass Menschen beim Lesen der Bibel solche Entdeckungen machen, auf Schätze stoßen, die ihr Leben verändern. Wer weiß, wie oft sie die Bibel in die Hand genommen und darin geblättert hatten. Plötzlich spüren sie: „Was hier berichtet wird, geht mich unmittelbar an, meint mich persönlich." Die Bibel hat es in sich. Durch ihre Seiten zieht sich ein roter Faden: Gott hat geredet. Gott hat sich den Menschen bekannt gemacht. Er liebt seine Menschen. Das ist die wichtigste Botschaft, die uns in der Bibel begegnet. Gott liebt mich. Das ist die Botschaft für mein Leben. Darauf lässt sich ein Leben bauen, ein Leben, das Inhalt, Sinn und Zukunft hat.

Die Bibel – das Lehr- und Lebensbuch der Christen. Sie ist, wie der Reformator Martin Luther schon vor über 400 Jahren feststellte, *„der wahre Schatz der Kirche"*. Schätze fallen einem in der Regel nicht ohne Anstrengung zu. Man muss sich darum bemühen. So ist es auch mit der Bibel. Deren Schatz muss immer wieder neu entdeckt, neu gehoben werden. Die Bibel entfaltet ihre Wirkung nicht im Regal. Solange wir ihr als distanzierte Zuschauer, als neutrale Beobachter ohne jede Erwartung entgegentreten, werden wir nicht viel von ihr haben. Sie öffnet sich aber jedem, der sich auf die Schatzsuche einlässt. Dann bekommen Worte von gestern Wirkung für heute. Und Worte, die ich nicht verstehe?

„*Die meisten Menschen haben Schwierigkeiten mit den Bibelstellen, die sie nicht verstehen*“, bemerkte der große amerikanische Erzähler Mark Twain einmal, um dann fortzufahren, „*ich muss zugeben, dass gerade die Bibelstellen, die ich verstehe, mich unruhig machen.*“

Ich wünsche Ihnen eine solch heilsame Unruhe.

25. 4. 1994

Die Bibel – eine Bibliothek im Kleinen

Bücher, die mir viel bedeuten, zeichnen sich zuweilen durch Eselsohren aus. Ich habe sie auf längeren Reisen im Gepäck mitgenommen, habe manchmal bis tief in die Nacht darin gelesen. Wenn ich dann das Buch aus der Hand legte, habe ich die Seite geknickt, um am nächsten Tag zu wissen, wo ich aufgehört hatte. Eselsohren hinterlassen bleibende Spuren. Beim Versuch, die Eselsohren zu entfernen, bin ich meist gescheitert. Leider habe ich dafür noch kein Verfahren entwickelt, das sich zum Patent anmelden ließe. Peinlich, wenn die Lektüre ausgeliehen war. Dann hilft nur ein zerknirschtes Gesicht bei der Rückgabe oder – besser noch – der Gang in den nächsten Buchladen. Dann bekommt der Eigentümer ein neues Buch zurück. Die Eselsohrfassung wandert in das eigene Bücherregal.

Viele Bücher lese ich nur einmal, dann kommen sie ins Regal und stauben zu. Andere faszinieren mich immer wieder. Jemand hat gesagt: „Ein Buch, das nicht wert ist, zweimal gelesen zu werden, ist es auch nicht wert, einmal gelesen zu werden." Schade nur, dass der kluge Mann nicht verraten hat, wie man schon vor dem ersten Lesen herausfindet, ob sich das zweite Lesen lohnt. Auf gelehrte Kritiker verlasse ich mich selten. Selber lesen macht klug!

Zu meiner ständigen Lektüre gehört die Bibel. Sie ist fast eine Bibliothek im Kleinen. 66 unterschiedliche Bücher fasst sie zusammen. Geschichtsbücher gehören dazu, dichterische Werke, Lebensweisheiten, Gebete. Die Bibel – ein Lebensbuch. Ein Buch von gestern für Menschen von heute. Auch für aufgeklärte Zeitgenossen. Auf seine wichtigste Lektüre hin befragt, erklärte Bertolt Brecht: *„Sie werden lachen – die Bibel."* Darin mag ein wenig literarische Koketterie aufscheinen. Doch füllt der Nachweis biblischer Themen und Motive in der modernen Literatur einige Bände.

Bis heute machen Menschen beim Lesen der Bibel ganz eigene Erfahrungen. Sie spüren: Was hier berichtet wird, geht mich unmittelbar an, meint mich persönlich. Durch die biblischen Seiten zieht sich ein roter Faden: Gott hat geredet, Gott hat sich den Menschen bekannt gemacht. Er liebt seine Menschen. Er hat sie nicht aufgegeben. Das ist die wichtigste Botschaft, die uns in der Bibel begegnet. Durch die Worte und Geschichten der Bibel sucht Gott bis heute Kontakt zu uns.

Es ist vielfach berichtet worden, dass bei den oft spontanen Gottesdiensten anlässlich von Unglücken und Katastrophen, das Lesen von Psalmen eine eindrückliche Möglichkeit wurde, Worte der Klage und des Trostes zu formulieren; in einer Situation, in der eigene Worte versagten oder banal gewirkt hätten. Worte von gestern mit Wirkung für heute. Auf meine Bibel will ich nicht verzichten. Übrigens: Von der Bibel habe ich nur Ausgaben mit Eselsohren. *9. 8. 2002*

Die Bibel als Wegweiser

Die alte Dame war im Alter von 84 Jahren gestorben. Einige Tage nach der Beerdigung wird die Wohnung aufgelöst, der Nachlass unter den Erben aufgeteilt. Aber was soll mit ihren Bibeln passieren? Gelesen sehen sie aus, einige Seiten sind lose, fallen fast heraus. Manche Bibelstellen sind rot unterstrichen. An anderen steht ein Datum. Als Erinnerung an ein wichtiges Ereignis, bei dem der Vers wichtig war. „Einfach wegwerfen wollen wir sie doch nicht. Aber was sollen wir damit machen?“ fragen mich die Angehörigen. Ich bin versucht zu antworten: „Lesen sollen Sie sie, denn dafür sind sie da!“
Woran liegt es wohl, dass Menschen, die nichts mit der Bibel anfangen können, dennoch so ehrfürchtig mit ihr umgehen? Sicher ist noch ein Überrest von Tradition vorhanden, die Bibel als etwas Besonderes zu behandeln.

Lange habe ich mit den Angehörigen darüber gesprochen, was das Besondere an der Bibel ist. Zunächst heißt Bibel nichts anderes als Buch. Sie ist auf Papier gedruckt und gebunden wie jedes andere Buch auch. Man kann sie ins Regal stellen, in Ehren halten oder eben wegwerfen. Geschrieben ist sie jedoch fürs Lesen. In ihr berichten Menschen aus vielen Jahrhunderten über ihre Erfahrungen mit Gott. Sie hatten ihre Sprach-, Ausdrucks- und Gedächtnismöglichkeiten und ihre Sprach-, Ausdrucks- und Gedächtnisprobleme. Menschen haben die Bibel geschrieben, übersetzt, gedruckt und uns verkauft. Sie haben mit ihren Worten erzählt, was Gott ihnen anvertraute, was sie mit ihm erlebt haben und was sie andern unbedingt mitteilen wollten, damit auch sie erkennen könnten, wer Gott ist und was er mit uns und dieser Welt vorhat. *„Des Christus Kleid und Rock ist die Heilige Schrift, darinnen er sich sehen und finden lässt"*, hat der Reformator Martin Luther über die Bibel gesagt.
Worte der Bibel trösten, rütteln wach, mahnen, korrigieren und ermutigen. Bis zum heutigen Tag entdecken Menschen Schätze in der Bibel, die sie nicht missen möchten. Sie spüren: Das, was hier berichtet wird, geht mich an, meint mich persönlich.
„Suchet der Stadt Bestes und betet für sie zum Herrn!" Dieses Wort aus dem Alten Testament wird für einen 24-jährigen kurz vor Ende seiner Ausbildung zum Leitwort. Konsequenz: Er engagiert sich in seiner Stadt für Kinder und Jugendliche, die keine Lobby haben. „Manchmal ist es ganz schön

schwierig“, sagt er, „aber ich will nicht aufgeben. Der Einsatz lohnt sich.“
Darum betet er für seine Stadt und für alle, die Verantwortung tragen, und er arbeitet für sie.
In meiner Bibel steht auf den letzten Seiten ein Datum: Mai 1972. Außerdem ist dort eine Bibelstelle rot angestrichen. Im Mai 1972 hatte ich gerade das Abitur bestanden. Was ich danach tun wollte, war nicht richtig klar. Dann las ich: „Gott spricht: Siehe, ich habe vor dir eine Tür aufgetan, und niemand kann sie zuschließen.“ Für mich Ermutigung, mit dem Theologiestudium zu beginnen. Übrigens ein Wort, das mich bis heute begleitet.
Was aus den Bibeln der alten Dame geworden ist? Die Angehörigen haben sie nicht weggeworfen. Sie liegen jetzt eingepackt auf dem Dachboden und warten darauf, wiederentdeckt zu werden.

30. 9. 2005

Die Bibel – das große Bilderbuch

Wie lautet in der Bibel der Name des ersten Menschen? Die Frage, die lange Zeit nur ein Lächeln hervorgerufen hätte, wurde vor einiger Zeit in einem Fernsehquiz gestellt. Als die Antwort richtig geraten wurde, prasselte der Beifall. Es ist offenbar nicht mehr selbstverständlich, von Adam und Eva zu wissen.
Ist das die Zukunft der Bibel, dass immer weniger Menschen sie kennen und dass sie von denen, die

sie noch kennen, immer weniger ernst genommen wird?

Unangefochten bleibt die Bibel das am meisten übersetzte, am meisten verkaufte und am meisten verbreitete Buch der Welt. Bibelübersetzungen gibt es in mehr als 2000 Sprachen.

Fast 400 Übertragungen sind vollständig, enthalten neben dem Neuen auch das Alte Testament. Ist die Bibel aber auch das am meisten gelesene Buch? Weltweit könnte das zutreffen, für Deutschland allerdings kaum noch. Heißhunger auf die Bibel ist kein europäisches Phänomen, sondern eines der Dritten Welt. Dort wächst die Nachfrage nach der Bibel am kräftigsten.

Die Bibel, Weltliteratur, Geschichte eines Volkes, Heilige Schrift der Christenheit. Die christlichen Kirchen in unserem Land hatten das Jahr 2003 zum Jahr der Bibel ausgerufen. Das Motto: *Suchen. Und finden.* Eine Einladung, die Bibel neu zu entdecken

Die Bibel – das große Buch vom Glauben. In ihr berichten Menschen aus über zwei Jahrtausenden über ihre Erfahrungen mit Gott. Nicht in allem, was dabei zur Sprache kommt, können wir uns heute noch wiederfinden. Aber es ist spannend zu entdecken, wo die Botschaft der Bibel mich und mein Leben heute trifft. Die Kernfragen des Glaubens sind heute wie damals dieselben. Worauf kann ich mich wirklich verlassen? Was gibt meinem Leben Sinn und Halt? Die Bibel gibt Antwort auf diese Fragen nicht in Form von Sachinformationen, sondern in Form einer Einladung. Als Einladung, das

Leben im Vertrauen auf Gott zu leben und sich auf ihn zu verlassen.
Die Bibel lädt ein, den alten Geschichten nachzudenken und sie für die Zeit heute neu zu denken, für die Welt und Situation, in der ich lebe. Bibellesen heißt: verweilen. Worte wollen mich ansprechen, in meinen Alltag hineinsprechen. Sie wollen etwas auslösen, mich verwandeln. Sie wollen zu Bildern werden, in der eigenen Vorstellung erstehen und Kraft vermitteln. Die Bibel ist ein großes Bilderbuch. Sie redet von Gott in Bildern. Gott wird Quelle, Fels, Hirte genannt. Er ist also unerschöpflich wie eine Quelle, zuverlässig wie ein Fels, auf dem ich sicher stehe, umsichtig und fürsorgend wie ein Hirte. *„Der Herr ist mein Hirte, mir wird nichts mangeln."* So beginnt der 23. Psalm – ein großes Stück Weltliteratur, zugleich Existenzerfahrung von Menschen zu allen Zeiten. Wo ich mich auf diese Bilder einlasse und es einübe, bei ihnen zu verweilen, verspüre ich mit der Zeit ihre Kraft und kann einstimmen in die große Freude eines anderen Psalms: *„Dein Wort ist meines Fußes Leuchte und ein Licht auf meinem Wege."* *15. 4. 2003*

Die Bibel lesen

„Was bringt´s?" Eine Frage, die fast zur stehenden Wendung, zum geflügelten Wort geworden ist. „Was bringt´s?" Haben wir diese Frage nicht ständig auf den Lippen, wenn wir etwas Neues anpacken? Und fragen wir nicht genauso bei altgewohnten Sachen? Effizienz – ein Maßstab unserer Zeit. Ob man damit aber alles messen kann? Effizienz – der Maßstab für das Leben?

„Was bringt´s?“ So fragen wir jedenfalls heute auch nach dem Sinn und Nutzen des Bibellesens. Was bringt es eigentlich, wenn ich die Bibel aufschlage und darin lese? Was bringt es, wenn ich mich in meinem Leben nach dem Wort richte, das mir in der Bibel begegnet?

„Was bringt´s?“ Im Grunde ist das keine neue Frage. Sie ist so alt wie die Bibel selbst. Immer wieder stoßen wir in der Bibel auf Menschen, die ähnlich gefragt haben. Allerdings mit einem Unterschied. Ihr Fragen hatte nicht den achselzuckenden Unterton unseres Fragens, wenn wir uns etwas vom Leib halten wollen. Nein, ihre Frage war eine existenzielle Angelegenheit.

Jahrelang, vielleicht sogar ein Leben lang, hatten sie mit Gott gerechnet, sich auf ihn verlassen, doch mit einem Mal hatte es den Anschein, als seien sie einer großen Illusion aufgesessen. Sie fragten: Was habe ich davon, dass ich mich zu Gott halte? Ist es nicht besser, ich passe mich dem Geist der Zeit an, so wie es die anderen tun?

Das bringt´s, wenn ihr die Bibel aufschlagt und darin lest, antwortet der Apostel Paulus einmal und schreibt: „*Was zuvor geschrieben wurde, das ist uns zur Lehre geschrieben, damit wir durch Geduld und den Trost der Schrift Hoffnung haben*“ (Römer 15, 4).

Ja, es bringt etwas, das Bibellesen. Es geht nicht spurlos an uns vorbei. Das biblische Wort läuft nicht ab wie Wasser. Von ihm gehen Wirkungen aus, die verwandeln können. Heilsame Wirkungen. Eines fasziniert mich dabei besonders: Die Hoffnung. Bibellesen hält die Hoffnung lebendig. Die Bibel – ein Lehrbuch der Hoffnung. Es gibt in der ganzen Weltliteratur nirgendwo zwei Buchdeckel, zwischen denen soviel Hoffnung steckt wie zwischen den Deckeln der Bibel. Ein Buch, randvoll gefüllt mit Hoffnung. Geschrieben, um uns mit Hoffnung zu infizieren, mit einer Hoffnung, die nicht trügt, sondern trägt, die unsere Gegenwart gestaltet und unsere Zukunft erhellt. Lest die Bibel, ruft uns Paulus zu. Dort entdeckt ihr Zeichen der Hoffnung: Müde werden erquickt, Traurige getröstet, Verlassene werden gefunden und Suchende finden – weil sie dem lebendigen Wort, weil sie Jesus Christus, dem Gekreuzigten und Auferstandenen begegnen. Die Welt kann uns wohl das Fürchten lehren. Der Blick in die Tagesschau zeigt oft genug, dass der Teufel los ist. In der Bibel lernen wir hoffen. Darum ist eine bibellesende Kirche nicht Schleppenträgerin eines müden Pessimismus, der nichts bringt, sondern Fackelträgerin einer lebendigen Hoffnung, die alles bringt.
Es ist ein langer Zug, der durch die Zeiten wandert, der Zug der bibellesenden Christen. Es sind Menschen, die einen festen Grund für ihr Leben gewonnen haben, die Geduld gelernt, Trost empfangen und die Hoffnung festgehalten haben.

16. 4. 2003

Vorbilder

Made in Italy

„Made in Italy“ – modebewusste Zeitgenossen wissen, was das bedeutet. Ein Gütesiegel modischer Kleidung. So etwas gibt es nicht erst seit heute. So etwas hat es schon immer gegeben. Auch schon vor zweitausend Jahren. Mode aus Philippi hieß der letzte Schrei.
Philippi, eine Stadt im heutigen Griechenland, war damals von den Römern besetzt, genoss Steuerfreiheit, und Handel und Wandel florierten. Philippi – so etwas wie ein Wirtschaftswunderstädtchen. Mode aus Philippi war in aller Munde. Am Wirtschaftswunder beteiligt ist die Inhaberin einer Modeboutique. Unter Insidern gilt sie als erste Adresse. Modebewusst, zielstrebig, phantasievoll und erfolgreich. Sie lebt als Single, wie man heute sagen würde. Sie hat ihren Weg gefunden, sie steht ihre Frau. Vor zweitausend Jahren nicht gerade die Regel in einer von Männern dominierten Gesellschaft. Lydia aber ist nicht nur eine geschäftstüchtige Frau, sie ist auch eine fromme Frau. Einmal in der Woche macht sie ihren Laden dicht und trifft sich mit anderen Frauen zum Gebet.
Wenn das alles gewesen wäre, wüssten wir heute allerdings kaum noch etwas von dieser Frau.
Aber: Sie wird zur ersten Christin in Europa. Dank

einer Begegnung mit dem Apostel Paulus. Davon berichtet die Bibel. Eine Begegnung, die Geschichte macht.

Lydia und Paulus begegnen sich in der Gebetsstunde am Fluss. Die versammelten Frauen lassen ihre gewohnte Liturgie beiseite und hören Paulus zu. Er erzählt ihnen die gute Nachricht Gottes. Er erzählt ihnen von Jesus. Von seiner Geburt in Armut, von seinem Flüchtlingselend, von seinen Reden und Wundern, von seinen Gesprächen mit Frauen und natürlich von seinem Tod am Kreuz und von seiner Auferstehung. Das sei ein Symbol dafür, so Paulus, dass zwischen Gott und den Menschen nichts Trennendes mehr stehen kann. Das ist die gute Nachricht, das ist das Evangelium!

Wie Lydia im Einzelnen auf diese Worte des Paulus reagiert hat, wird nicht berichtet. Nur, dass diese gute Nachricht das Leben der Lydia verändert. Lydia öffnet ihr Herz. Wie viele Nöte hat sich Lydia wohl in den Umkleidekabinen ihrer Boutique angehört! Wie oft hatten Kundinnen auch ausgepackt: Familienintrigen, Eheprobleme, Beziehungskisten, Nachbarschaftstratsch. Lydia wusste: Mode ist nicht alles. Man kann die beste Kleidung tragen, intelligent sein, gut aussehen und sich trotzdem ausgepumpt und fertig fühlen.

Worte, die uns wirklich helfen, können wir uns in der Regel nicht selbst sagen. Sie müssen uns geschenkt werden. Sie sind ein Wunder, ein Geschenk Gottes, über das wir uns freuen können.

Lydia hörte die gute Nachricht Gottes. Ihr Leben

änderte sich. Konsequenz: Den Worten müssen Taten folgen. So öffnet sie ihr Haus. Viele Menschen erfahren ihre Gastfreundschaft.
Liebe will konkret werden, sie zeigt sich auch in stilvoller Tischgemeinschaft. Hier in der Boutique der Lydia ist die Geburtsstunde der Kirche in Europa. *13. 2. 1995*

Eine bewundernswerte Frau

Unsere erste Begegnung werde ich nicht vergessen. Eine alte Frau. Ich besuchte sie, um ihr nachträglich zum 81. Geburtstag zu gratulieren. Sie saß am Küchentisch. Darauf lagen sorgfältig angeordnet Bonbons, Zuckerstückchen, Kaffee, Tee, Honig- und Marmeladengläser, Konservendosen, daneben eine alte Küchenwaage und schließlich eine Zigarrenkiste mit selbstgefertigtem Spielgeld. Ein abenteuerliches Sortiment.
Sie spielte „Kaufladen“ mit den beiden Kindern ihrer Nachbarin. Deren Mutter war im richtigen Supermarkt. Die Augen der Kinder strahlten, und die Augen der alten Dame funkelten vor Begeisterung.
Ihr Gesicht lässt mich nicht los. Das Leben hatte seine Spuren hinterlassen. Ein altes Gesicht, bedeckt von unzähligen Falten. Kein hübsches Gesicht, an landläufigen Maßstäben gemessen. Aber da war dieses Schmunzeln. Das ganze Gesicht ein einziges Schmunzeln. Der ganze Raum verbreitete den Eindruck gelassener Heiterkeit. Wie wird man so? Das

Leben hatte ihr nichts geschenkt. Sie hatte jung geheiratet. Dann kam der Krieg. Sie verlor ihren Mann, schlug sich mit zwei kleinen Kindern durch, und als es so schien, als ob sich die Lebensumstände stabilisieren würden, erkrankte eines ihrer Kinder schwer. Finanziell war es ihr zeitlebens nicht besonders gut gegangen. Jetzt, im Alter, hatte sie bei ihren Kindern ihr Auskommen gefunden. Worin lag das Geheimnis dieser gelassenen Heiterkeit?

„Das schlimmste ist", sagte sie, „wenn man den Sorgen nachhängt, jedem Zipperlein, jedem Streit, jeder Enttäuschung, wenn man das wiederkäut wie Kühe auf der Weide. Davon muss man wegkommen. Ich lese jeden Morgen einen Bibeltext und einen Liedvers aus dem Gesangbuch. Den singe ich dann." Und sie zitierte zwei Liedverse, die sie ihr Leben lang begleitet hatten: *„In wie viel Not hat nicht der gnädige Gott über dir Flügel gebreitet"* und *„Mit Sorgen und mit Grämen und mit selbsteigner Pein lässt Gott sich gar nichts nehmen, es muss erbeten sein."* Keine theoretische Predigt, die ich dort bekam, sondern die Glaubenserfahrung eines langen Lebens. Und die spiegelte sich auf ihrem Gesicht.

Vielleicht kennen Sie den Satz: „Von einem bestimmten Alter an ist man für sein Gesicht selbst verantwortlich." „So ist das", hätte die alte Frau wohl gesagt, wenn sie dieses Wort gekannt hätte.

„Mit Sorgen und mit Grämen und mit selbsteigner Pein, lässt er sich gar nichts nehmen, es muss erbeten sein."

Die kleine Küche wurde zu einer Kanzel, nicht nur

für mich. Mit ihren Erfahrungen hielt die alte Frau nicht hinter dem Berge. Unaufdringlich, aber deutlich. „Echt stark, die alte Dame“, meinte der junge Mann, der mit seiner Freundin im Untergeschoss wohnt. Und das ist aus dem Mund meines ehemaligen Konfirmanden das größte Kompliment, zu dem er fähig ist. Echt stark!
Glaubens- und Lebenserfahrungen lassen sich nicht kopieren. Und doch können wir überall Menschen begegnen, die ähnliche Erfahrungen gemacht haben. Gott sei Dank. Ihr Foto erscheint in keiner Zeitung. Sie machen keine Schlagzeilen. Aber sie können erzählen. Und haben dabei viel zu sagen.

22. 7. 1996

Auf der Müllkippe in Manila

Ich mag Leute, die etwas wollen. Leute, die Ziele für ihr Leben haben und nicht bei den ersten Schwierigkeiten aufgeben. Leute, die Lust haben, Aufgaben und Herausforderungen anzupacken und nicht ständig über die schwierigen Verhältnisse lamentieren.
Von einer Frau will ich erzählen. Ich lernte sie bei einem Besuch auf den Philippinen in Manila kennen. Sie ist Christin, stammt aus Kanada und lebt und arbeitet seit einigen Jahren auf der Müllkippe der Stadt Manila. Schätzungsweise 25.000 Personen leben dort. Die Hälfte sind Kinder unter 14 Jahren. Um es noch einmal deutlich zu sagen: Auf

einer Müllkippe in Manila leben 25.000 Menschen, und sie leben von der Müllkippe. Täglich wird auf der Müllkippe der Müll einer Millionenstadt abgeladen. Bei meinem Besuch traf ich Kinder, die, wenn es ihnen etwas besser geht, Gummistiefel tragen und Kiepen auf dem Rücken haben. Sie durchsuchen den Müll nach brauchbaren Dingen wie zum Beispiel Plastik, Glas und Dosen. Das verkaufen sie für ein wenig Geld, damit ihre Familien etwas zum Leben haben.

Auf der Müllkippe stinkt es ganz schrecklich. Seuchen und Krankheiten sind an der Tagesordnung. Die Müllkippe ist eine Brutstätte der Gewalt.

Mitten in diesem Elend lebt jene kanadische Christin. Sie kümmert sich um verwahrloste Kinder. Sie zeigt mir ein Mädchen – es mochte zehn Jahre alt sein – das eines Tages mit dem Müll angeliefert worden war. Die Kanadierin hatte sie eher zufällig aus dem Müll gefischt, hatte sie über Wochen gesund gepflegt und ihr dann etwas lesen, schreiben und rechnen beigebracht. Das würde reichen, um einmal auf eigenen Füßen stehen zu können.

Mir schossen viele Fragen durch den Kopf. Was nützt eigentlich der Einsatz dieser engagierten Frau? Verpufft er nicht ins Leere? Ist er nicht nur ein Tropfen auf den heißen Stein? Natürlich weiß auch sie, dass sie sich nicht um alle Kinder hier auf der Müllkippe kümmern kann. Das würde sie restlos überfordern. Dazu reichen ihre Kräfte nicht. Aber sie hat Grundsätze für ihr Leben. Der eine heißt: Jeder Mensch ist ein geliebtes Geschöpf Gottes. Das macht seinen Wert aus. Unter allen Umständen. In allen Verhältnissen. Darum soll keiner verloren gehen. Der andere heißt: *Mein* Tropfen auf den heißen Stein kann der Anfang eines Regens sein. Eine bewundernswerte Frau auf den Spuren Jesu Christi, der einmal gesagt hat: „Was ihr für einen meiner geringsten Brüder oder für eine meiner geringsten Schwestern getan habt, das habt ihr für mich getan." *1. 6. 2001*

Schwiegermutter – Schwiegertochter

Schwiegermutter werden ist nicht schwer – Schwiegermutter sein dagegen sehr. Die Frau, die mir diesen Satz sagte, war von seiner Richtigkeit fest überzeugt. Sie hatte ihren Sohn unter großen Entbehrungen groß gezogen. Der Vater war früh verstorben. In ihrem Leben hatte sie Phantasie entwickeln müssen, um die Familie durchzubringen. Ihr Sohn hatte das Abitur geschafft und sein Studium in relativ kurzer Zeit erfolgreich beendet. Nun bezeichnet die Schwiegertochter den Mann als Muttersöhnchen, weil dieser nach wie vor eine starke Beziehung zu seiner Mutter hat. Um Konflikten mit seiner Frau aus dem Weg zu gehen, wird er zusehends verschlossener gegenüber seiner Mutter. Alles, was die Mutter für ihn getan hat, scheint vergessen zu sein. Sie fühlt sich im Haus des Sohnes nur noch geduldet. Es kommt zu Pflichtanrufen und Pflichtbesuchen.
Aus der Sicht der Schwiegertochter stellt sich die Si-

tuation ganz anders dar. Sie hat den Eindruck, dass sie nichts richtig macht. Da glaubt sie, Normen übernehmen zu müssen: Sauberkeit, Ordnung und gutes Essen. Sie muss Maßstäben genügen, die für sie nicht passen. Nie reicht sie an die Ansprüche heran, die gestellt werden. Das macht sie unsicher. So entsteht eine verkrampfte Atmosphäre im Umgang miteinander. Der Mann steht dazwischen und hält sich raus. Die Schwiegermutter schämt sich andererseits für ihren Sohn: Wie die Frau rumläuft! Wie die Wohnung aussieht! Wie sie die Kinder erzieht! Sie können nicht mal grüßen und danke sagen und ziehen sich schlampig an. Von mir bekommen sie ordentliche Kleidungsstücke geschenkt, aber die Mutter kann sich bei ihren Kindern nicht mal durchsetzen. Meine teuren Kleidungsstücke ziehen sie einfach nicht an. Ihre verwaschenen Jeans scheinen sie lieber zu mögen. Muss die Schwiegertochter sich das dauernde Reinreden und Nörgeln der Schwiegermutter gefallen lassen? Schwiegermutter – Schwiegertochter – häufig eine spannungsreiche Beziehung.
Dass es auch ganz anders gehen kann, zeigt eine Geschichte aus der Bibel. Sie erzählt von drei Frauen: Noomi, Ruth und Orpa. Noomi war mit ihrem Mann und den beiden Söhnen ausgewandert, weil zu Hause bittere Not herrschte. In der neuen Heimat hofften sie, Brot und Arbeit zu finden. Noomis Mann stirbt recht bald. Die beiden Söhne wachsen im fremden Land auf und suchen sich dort auch ihre Frauen. Leider erleben sie nur wenige Jahre mit

ihnen. Beide Männer sterben früh. So stehen alle drei Frauen allein. Noomi will nach dem Verlust ihrer Söhne in ihre alte Heimat zurück. Sie hängt sich nicht an die junge Generation. Sie will die jungen Witwen nicht mit *ihrem* Leid und *ihren* Erwartungen und *ihren* Forderungen belasten. Die junge Generation muss schließlich ihre eigenen Wege finden. Darum keine Worte der Belehrung, keine Befehle, keine unterschwelligen Vorwürfe.

Diese Schwiegermutter hat nicht nur ihre Söhne losgelassen, sondern gibt auch die Schwiegertöchter frei für eine neue glückliche Beziehung – ohne Hintergedanken, ohne den leisesten Versuch, sie an sich zu binden. Sie denkt nicht: Die müssen froh sein, dass sie meine Söhne überhaupt bekommen haben. Sie dankt beiden – zuerst für die Liebe an den Söhnen und dann für das, was sie selbst durch die Schwiegertöchter erfahren hat. Sie versteht zurückzutreten, sich nicht anzuhängen, sondern ihre eigene Wahl zu treffen. Vielleicht sind die beiden jungen Frauen darum so anhänglich? Sie fühlen sich frei und geschätzt. Eine dankbare und selbständige Schwiegermutter ist attraktiv! Die Wege der drei trennen sich. Orpa geht. Noomi lässt sie ohne Bitterkeit ziehen. Ruth bleibt bei Noomi und geht mit ihr zurück in ihre Heimat.

„Wo du hingehst, da will ich auch hingehen; wo du bleibst, da bleibe ich auch. Dein Volk ist mein Volk, und dein Gott ist mein Gott."

Das ist keine romantische Liebeserklärung, kein Trautext, sondern freiwillige Treue einer jungen

Witwe zu ihrer alten Schwiegermutter. Die hat ihr Anschauungsunterricht gegeben, wie unterschiedliche Menschen miteinander umgehen und sich gegenseitig achten können. Sie hat nicht ständig an ihr herumerzogen. Noomi hat ihre Schwiegertöchter bejaht, freigegeben und gerade dadurch gewonnen. Ruth hat den Glauben ihrer Schwiegermutter kennen gelernt, und sie hat Güte und Weisheit, Selbstlosigkeit und Vertrauen bei Noomi gespürt und erfahren. Noomi – eine Frau, eine Schwiegermutter mit dem großen, weiten Herzen, geborgen in Gott.

8. 7. 1997

Keiner darf verloren gehen

Mir gefallen Leute, die sich Ziele setzen. Leute, die kreativ und unkompliziert sind und nicht bei den ersten Schwierigkeiten aufgeben. Leute, die gern Aufgaben anpacken und vor Verantwortung nicht fliehen. Die andere anstecken mit ihren Ideen und nicht dauernd über die schwierigen Verhältnisse klagen. Ich finde, es gibt noch viel zu wenig davon. Von einem jungen Mann will ich Ihnen erzählen. Er ist Christ, 25 Jahre alt und hat Sozialpädagogik studiert. Er beendet sein Studium und entscheidet sich, als Streetworker zu arbeiten, auf der Straße also. Er kümmert sich um Jugendliche, um die sich sonst niemand kümmert. Viele kommen aus ganz normalen bürgerlichen Familien. Es gibt unterschiedliche Gründe, warum sie gegangen sind oder

zu Hause hinausgeworfen wurden: Schwierigkeiten in der Schule, mangelnde Erziehung, Alkoholismus von Vater oder Mutter, sexueller Missbrauch. Jedenfalls leben sie jetzt auf der Straße und teilen dieses traurige Los mit anderen, denen es ähnlich ergangen ist.
Der junge Sozialpädagoge setzt sich für sie ein. Er versucht, Kontakt zu ihnen zu bekommen und das Vertrauen der Jugendlichen zu gewinnen. Das braucht Zeit, sehr viel Zeit, denn viele sind aufgrund ihrer schlechten Erfahrungen misstrauisch geworden. Diese Jugendlichen haben keine Lobby, niemanden, der sich für sie einsetzt. Ich komme mit dem Sozialpädagogen ins Gespräch, frage ihn, ob er nicht manchmal resigniert angesichts der schwierigen Arbeit. Erstaunt schaut er mich an. Seine Antwort ist klar: Nein. Lamentieren ist nicht sein Ding. Er hat Ideen und Pläne, packt Aufgaben an und ist unkompliziert und freundlich. Er erzählt mir von der Sehnsucht der Jugendlichen nach dem, was zum Leben gehört: Liebe und Anerkennung zu bekommen und in Frieden und Sicherheit leben zu können. Sie brauchen jemanden, dem sie vertrauen können. Der zuverlässig ist. Der ihnen nicht ständig Vorwürfe macht. Jemand, der ihnen Lust am Leben vermittelt. Sie brauchen Menschen, die Zeit für sie haben. Das Wichtigste ist, dass sie erfahren: Ich bin angenommen mit meinen Stärken und Schwächen, angenommen, so wie ich bin.
Die biblischen Geschichten werden nicht müde zu beschreiben, wie Gott Menschen annimmt. Jeder

und jede ist wichtig, wertvoll und einmalig, geliebtes Geschöpf Gottes. Keiner darf verloren gehen. Der junge Sozialpadagoge, ein bewundernswerter junger Mann auf den Spuren Jesu Christi, der gesagt hat: „*Was ihr für einen meiner geringsten Brüder oder einer meiner geringsten Schwestern getan habt, das habt ihr mir getan.*“ *18. 3. 2006*

Leben heißt unterwegs sein

Zusage Gottes

„Gott spricht: Fürchte dich nicht, denn ich habe dich erlöst. Ich habe dich bei deinem Namen gerufen; du bist mein.“

„Fürchte dich nicht!“ – eine Zusage für den heutigen Tag, für die neue Woche, für ein ganzes Leben. Aufgeschrieben vor 2500 Jahren von einem, der Hoffnung vermitteln wollte. Die Menschen um ihn herum hatten alles verloren: Ihre Angehörigen, ihre Heimat, ihre Lebensgrundlage. Alles, was dem Leben Halt und Orientierung gibt. Sie sitzen im Exil, in der Gefangenschaft in Babylonien. Hoffnung und Zuversicht waren fremde Worte für sie geworden. In dieser Lage meldet sich der Prophet zu Wort: Es ist nicht alles aus. Es geht weiter. Ihr könnt wieder Boden unter die Füße bekommen, neue Perspektiven gewinnen. *„Fürchte dich nicht!“* Warum das? Angst, Furcht, Sorgen und Trauer gehören doch zu unserem Leben dazu. Hätten wir keine Angst, wären wir blind für tausend Gefahren. Trotzdem der Rat des Propheten: *„Fürchte dich nicht!“*

Er geht nicht mit Appellen und Durchhalteparolen gegen die ängstlichen und traurigen Menschen an. Er weiß, dass Appelle nichts bewirken und Durchhalteparolen keine lange Lebensdauer haben. Der

andere macht die Jalousien runter und blockt ab, mauert.
Der Prophet redet freundlich, tröstet, richtet auf, weist hin auf neue Lebensziele.
Zurechtbringen, ermutigen, trösten, aufrichten ist ein Weg. Manchmal ein mühsamer. Einer, der nicht von jetzt auf gleich zum Ziel führt. Zeit ist nötig. Geduld für einen langen Weg.
Immer wieder brauchen wir diesen *Perspektivenwechsel* – weg von den eigenen Begrenzungen hin zu Jesus Christus. Weg vom Kreisen um die Sorgen und Probleme. Von den Mauern, die eingrenzen. Hinsehen zu Christus. Er hält unser Leben in seinen Händen.
Aber nun geht der Vers weiter: „Fürchte dich nicht, denn ich habe dich erlöst. Ich habe dich bei deinem Namen gerufen. Du bist mein“, spricht Gott. Diese Zusage Gottes gilt!
Gott kennt uns mit Namen. Jedem gilt das Versprechen Gottes: Ich will bei dir sein. Der Prophet, der diesen Vers aufgeschrieben hat, will zum neuen festen Vertrauen Gott gegenüber einladen. Darum erinnert er an die Zusagen Gottes. „Ich habe dich bei deinem Namen gerufen.“ Wir sind nicht nur ein Staubkorn im Getriebe. Nicht ein „no name“, ein Namenloser. Vielmehr sind wir von Gott angesprochen und geliebt und damit wertvoll.
In allen Höhen und Tiefen, durch die wir gehen, dürfen wir die Nähe Gottes erfahren. Gott ist da.
„Fürchte dich nicht, denn ich habe dich erlöst. Ich habe dich bei deinem Namen gerufen; du bist mein.“

Dieses Wort ermutigt. Es lädt ein zu hoffnungsvollen Schritten in der Gegenwart. Damit kann man getrost in eine neue Woche gehen. *4. 5. 2009*

Nicht allein unterwegs

„*Keinen Weg lässt uns Gott gehen, den er nicht selbst gegangen wäre, und auf dem er uns nicht vorausginge.*" Dieses Wort des Theologen Dietrich Bonhoeffer[1] hat mich in den letzten Wochen in unterschiedlichen Situationen begleitet.

Leben heißt: unterwegs sein. Nicht umsonst sprechen wir vom Lebensweg. Manche Wegstrecken sind problemlos. Das sind die Zeiten, in denen alles glatt läuft. Keine Konflikte. Keine Probleme. Jedes Vorhaben gelingt. Alle Ziele werden erreicht. Man könnte die ganze Welt umarmen. Solche Zeiten lieben wir.

Auf anderen Wegstrecken sieht man nicht auf Anhieb, wohin der Weg führt. Da können angenehme oder auch unangenehme Überraschungen lauern. Zeiten der Freude oder Zeiten der Resignation, Zeiten des Glücks oder Zeiten des Leides liegen nahe beieinander. Ich erlebe das immer wieder in Familien, wo innerhalb von kurzer Zeit ein alter Mensch stirbt und ein Kind geboren wird.

Auf manchen Wegstrecken häufen sich Konflikte und Probleme. Da läuft eben nicht alles glatt. Da

[1] Dietrich Bonhoeffer, *Von guten Mächten*, Abakus, 1972, Greifenstein

sind Geduld, Stehvermögen und Konfliktfähigkeit gefragt. Da sind immer wieder neue Anläufe nötig, um ein Ziel zu erreichen. Und manchmal endet ein solcher Anlauf schnurstracks wieder in einer Sackgasse. Zeiten, die im Leben Spuren hinterlassen.
Und da sind die Wegstrecken, die ständig zu neuen Entscheidungen herausfordern. Sozusagen Weggablungen des Lebens. Die Berufswahl. Die Wahl des Ehepartners. Lebenswege sind nicht immer bequem. Man muss die unterschiedlichsten Situationen bewältigen, sich den Hindernissen und Herausforderungen stellen und Entscheidungen treffen.
Als Christen wissen wir, dass wir nicht allein unterwegs sind. Wir haben einen Wegbegleiter. Jesus Christus. Der Glaube an ihn hält und trägt und ermutigt, meinen Weg zu gehen, Schritt für Schritt, weil es Schritte an Gottes Hand sind. Gut, dass Gott uns keinen Weg gehen lässt, auf dem er uns nicht vorausgeht.
Im vergangenen Jahr hat die evangelische Kirche den 400. Geburtstag des großen Liederdichters Paul Gerhardt gefeiert. Viele Lieder des Glaubens verdanken wir ihm. Zu seinen bekanntesten gehört ein Lied über den Lebensweg, über den gelingenden Lebensweg.
„Befiehl du deine Wege und was dein Herze kränkt der allertreusten Pflege des, der den Himmel lenkt. Der Wolken, Luft und Winden gibt Wege, Lauf und Bahn, der wird auch Wege finden, da dein Fuß gehen kann.

Weg hast du allerwegen, an Mitteln fehlt dir's nicht; dein Tun ist lauter Segen, dein Gang ist lauter Licht; dein Werk kann niemand hindern, dein Arbeit darf nicht ruhn, wenn du, was deinen Kindern ersprießlich ist, willst tun." 11. 2. 2008

Freude und Frieden im Miteinander

„Ihr sollt in Freuden ausziehen und in Frieden geleitet werden." Ein ermutigendes Wort. Ein altes Wort. Der Prophet Jesaja, der das vor 2500 Jahren gesagt hat, hatte Erfahrungen gemacht mit der Begleitung Gottes. Mit seiner Treue. Mit seiner Liebe. Mit seiner Hilfe. Und er hatte daraus eine Perspektive gewonnen: Freude und Friede. Das sind doch Fremdworte geworden in unserer leistungsorientierten Arbeitswelt: Freude und Friede. Heute kommt es auf Durchsetzungsfähigkeit an. Auf den Ausbau von eigenen Stärken und das Ausnutzen von Schwächen anderer. Im Alltagsgeschäft mögen Freude und Frieden vielleicht nur in einer kleinen Nische zu Hause sein. Im Beziehungsgeflecht von Ehe und Familie, von Freundschaft und Partnerschaft aber ist ein Miteinander ohne Freude und Friede schwer vorstellbar.

Beim Ehepaar Krause ist Krach. Man spricht kein Wort mehr miteinander. Herr Krause geht früh zu Bett. Als seine Frau später nachkommt, findet sie auf ihrem Nachttisch einen Zettel: Bitte um 5 Uhr wecken! Am nächsten Morgen wird Herr Krause

um 7 Uhr wach. Er schaut sich wütend um. Sein Blick trifft einen Zettel. Darauf steht: Bitte aufstehen. Es ist 5 Uhr.
Konflikte lassen sich selten so lösen. Das führt in der Regel zu mehr Streit. Und Freude und Frieden bleiben dabei erst recht auf der Strecke. Leichter geht es mit Offenheit, Freundlichkeit und der Bereitschaft zum Friedenstiften.
Wie wohltuend, wenn Fehler nicht aufgerechnet, sondern einander vergeben werden. Wie wohltuend, wenn die Eigenarten des anderen mit Humor ertragen werden. Wie wohltuend, wenn die Mitmenschen so wahrgenommen und angenommen werden, wie sie sind. Dostojewski sagt: *„Einen Menschen lieben heißt, ihn so zu sehen, wie Gott ihn gemeint hat.“*
Auf Ihrem Weg durch diese Woche können Sie immer neu mit Freuden ausziehen. Können neue Schritte wagen und Mutiges tun. Sie werden mit Frieden geleitet, denn der barmherzige Gott geht mit. Ein Lied von Manfred Siebald[2] drückt das so aus:
„Geh unter der Gnade, geh mit Gottes Segen; geh in seinem Frieden, was auch immer du tust.
Geh unter der Gnade, hör auf Gottes Worte; bleib in seiner Nähe, ob du wachst oder ruhst.
Neue Stunden, neue Tage, zögernd nur steigst du

[2] Manfred Siebald, *Geh unter der Gnade*, Text & Melodie: Manfred Siebald © 1987 SCM Hänssler, 71087 Holzgerlingen

hinein. Wird die neue Zeit dir passen? Ist sie dir zu groß, zu klein?
Gute Wünsche, gute Worte wollen dir Begleiter sein. Doch die besten Wünsche münden alle in den einen ein:
Geh unter der Gnade, geh mit Gottes Segen; geh in seinem Frieden, was auch immer du tust.
Geh unter der Gnade, hör auf Gottes Worte; bleib in seiner Nähe, ob du wachst oder ruhst."

27. 8. 2007

Mich hält die Hand des guten Hirten

„*Der Herr ist mein Hirte, mir wird nichts mangeln.*" Mit diesen Worten beginnt der 23. Psalm. Er gehört zu den bekannten Stücken der Bibel, gesprochen an Kinderbetten, vorgelesen an Sterbelagern – und doch kein Lied nur für die Grenzsituationen des Lebens. Dieser Psalm ist ein Lied fürs Leben schlechthin – ein Lied vom Vertrauen zu dem einen guten Hirten, ohne den das Leben sein Ziel verfehlt.
„*Der Herr ist mein Hirte.*" Bei diesem Bild spukt in manchen Köpfen die Erinnerung an flötenspielende Schäferburschen und verliebte Schäferinnen, dazwischen schneeweiß gebürstete Schäfchen. Aber das ist nicht die Welt des 23. Psalms. Hier regiert keine gemütvolle Beschaulichkeit. Man muss die Gegend in Israel gesehen haben, aus der der Psalm seine Bilder bezieht. In dem schroffen, un-

wegsamen Gelände war der ganze Einsatz der Hirten gefragt.

„Der Herr ist mein Hirte.“ Die Bibel spricht häufig in Bildern und Vergleichen, damit wir besser verstehen, was gemeint ist. So wie gute Hirten für ihre Herde sorgen, so kümmert sich Gott um uns.

Es gab und gibt viele Hirten, die sich Menschen anbieten, damals wie heute. Darunter Führer und Verführer großen Stils. Gerade die Älteren haben erlebt, was passiert, wenn Führer zu widergöttlichen Verführern werden und ein ganzes Volk in die Irre leiten.

„Der Herr ist mein Hirte.“ Wer so betet, schafft sofort klare Verhältnisse: Nur einer ist Hirte, auf seine Stimme sollen wir hören. Ihm vertrauen wir unser Leben an.

„Der Herr ist mein Hirte, mir wird nichts mangeln.“ Das überrascht. Wir verwenden doch viel Zeit darauf, anderen immer und immer wieder zu erzählen, wo es uns mangelt, was uns fehlt, wo wir zu kurz kommen. Hier sieht es so aus, als nähme der Beter den Mund zu voll. Ist er ein hoffnungsloser Optimist? Läuft er etwa mit Scheuklappen durch die Welt? Sieht er nicht, was um uns herum vorgeht – oder will er es vielleicht nicht sehen?

Keineswegs. Der 23. Psalm stimmt eben kein Jammerlied an. Er sagt: Wenn Gott, der Herr, mein Hirte, mich führt, dann fehlt mir nichts, auch wenn mir im Vergleich mit anderen manches zu fehlen scheint. Gott hat mich reich gemacht. Ich muss mich nicht ständig mit anderen vergleichen. Ich nehme, was ich habe, aus der Hand des guten Hirten an: Den Platz, an dem ich stehe, die Verhältnisse, unter denen ich lebe, die Veranlagung, die ich mitbekommen habe. Es fehlt mir nichts, weil *er* mein Leben ist.

„Er führet mich auf rechter Straße um seines Namens willen. Und ob ich schon wanderte im finsteren Tal, fürchte ich kein Unglück; denn du bist bei mir.“

Wie jeder gute Hirte weiß auch Gott den richtigen Weg und das richtige Ziel für mich. Das heißt aber nicht, dass es da nicht auch mal durch finstere und gefährliche Täler gehen kann. Enttäuschungen mit Menschen – vielleicht den nächststehenden –, Erfahrungen von Krankheit und Tod können solche finsteren Täler sein. Kein Licht weit und breit. Aber alle die, die sich Gott als dem guten Hirten anvertraut haben, machen in schwierigen Lebenslagen diese Erfahrung: Er geht mit durch alle finsteren Täler. Mich hält die Hand des guten Hirten.

26. 9. 2005

Mutig Neues wagen

Leben heißt unterwegs sein. Nicht umsonst sprechen wir vom Lebensweg. Manche Wegstrecke gleicht einer Fahrt auf einer staufreien Autobahn. Es geht geradeaus. Keine Ampel, keine Störungen, keine Schwierigkeiten. Zeiten, in denen das Leben problemlos und glatt läuft. Andere Wegstrecken sind kurvenreich. Man sieht nicht auf Anhieb, wohin der Weg führt. Da können angenehme oder auch unangenehme Überraschungen hinter der Kurve lauern. Schönheiten und Abgründe, Freude und Leid. Andere Wegstrecken gleichen einem holprigen Pfad. Das sind die Zeiten, in denen sich Konflikte und Probleme häufen. Wo eben nicht alles glatt läuft. Wo Geduld und Stehvermögen gefragt sind. Auch die Umwege gehören zu unserem Leben. Zeiten, in denen immer neue Anläufe nötig sind, um ein Ziel zu erreichen. Zeiten, die Spuren hinterlassen. Und dann sind da auch noch die Sackgassen. Manches Lebensziel hat dort sein Ende gefunden. Erst im Rückblick wird deutlich, auf wie vielen Holzwegen, Berg- und Talfahrten und gefährlichen Abhängen das Leben verlaufen ist und wie sich doch immer wieder unerwartet neue Perspektiven auftaten.

Lebenswege sind nicht immer bequem. Man muss innere Kontinente durchqueren, Situationen bewältigen, sich den Hindernissen und Herausforderungen stellen. Auf jedem eingeschlagenen Weg sind Entscheidungen zu treffen: Die Abkürzung nehmen? Ein neues Risiko eingehen? Mutig etwas ganz Neues wagen?

Christen wissen, dass sie nicht allein unterwegs sind. Sie haben einen Wegbegleiter. Der auferstandene Christus geht mit. Dieser Glaube hält und trägt und ermutigt zu konkreten Schritten im Alltag, weil es Schritte an der Hand Gottes sind. Ein Gospeltext von Ruthild Wilson[3] drückt das so aus:

„Herr, lass deine Wege mich verstehn. Nur an deiner Hand, Herr, kann ich sicher gehen. Wenn ich wanke, wenn ich falle, wenn ich allen Mut verlier, Herr, dann brauch ich die Gewissheit, du bist hier. Geh in Gottes Frieden, geh an seiner Hand, und mit seinem Segen in ein neues Land.
Geh von seiner Liebe wunderbar umhüllt und mit Mut und Hoffnung neu erfüllt.
Wenn ich nicht mehr fühl, dass du mich liebst und du meine Zweifel mir vergibst.
Herr, dann sende deine Engel, wie dein Wort es mir verspricht,
dass ich weiß, du bist jetzt hier, verlässt mich nicht.
Geh in Gottes Frieden, geh an seiner Hand, und mit seinem Segen in ein neues Land.
Geh von seiner Liebe wunderbar umhüllt und mit Mut und Hoffnung neu erfüllt.“ 29. 3. 2004

[3] Ruthild Wilson, *Herr, lass deine Wege mich verstehn,* Originaltitel: *May the Lord send angels,* aus: gospel fire music by heinz-helmut jost-naujoks, words by ruthild wilson, © 2001 Luther-Verlag, Bielefeld

Nichts bleibt wie es ist

Wie wirst du damit fertig?

Zwei Frauen wünschen sich alles Gute für die nächste Zeit. Und es fällt der typische Satz: Hauptsache, Sie bleiben gesund! Ich achte diesen Wunsch nicht gering. Auch die anderen Hauptsachen nicht, wie Arbeitsplatz, Familie, gute Freunde, Bewahrung vor Katastrophen. Aber was ist, wenn eine dieser Hauptsachen sich nicht erfüllt? Müssen wir dann ins Bodenlose fallen? Wie wirst du damit fertig? So sehen wir einen Menschen fragend an, dem Gesundheit, Erfolg oder Gemeinschaft zerbrochen sind. Unsere eigene Unsicherheit steckt in der Frage. Und manchmal ziehen sich Menschen zurück, weil sie zu befangen sind, zu hilflos. Sie wissen nicht, wie sie sich verhalten sollen, wenn es einem andern schlecht geht. Wie wirst du damit fertig?

Woher nehmen die einen die Kraft, ihr Leben zu bewältigen – und andere zerbrechen an ihren Lebenskrisen? Es liegt nicht einfach an dem, was sie zu verkraften haben. Es muss auch nicht sein, dass Entbehrungen hart machen. Es kommt nicht von selbst, dass Menschen, die ihr Leben lang bewahrt worden sind, am Ende zufrieden und gütig sind. Da gibt es keine Gebrauchsanweisung, wohl aber eine Spur. Ich entdecke sie bei den Schreibern von biblischen Texten. Sie sagen in solchen Situationen nicht platt: „Ich kann das. Ich schaffe das.“ Sie staunen und ermutigen andere. Sie haben erkannt: Gott, der Herr, befähigt mich, auch schwierige Situationen anzunehmen. Wenn ich auf ihn sehe, dann wächst mir Kraft zu. Die Frage: „Wie hältst du das aus?“wird aufgehoben von der Erfahrung: Gott hält mich. Darum will ich versuchen, auch das Schwere anzunehmen. Bis ich aber dahin komme, habe ich lange gerungen, habe mich auch aufgelehnt und war verzagt. Wir sind nicht von Haus aus tapfer und gelassen.

Wie wirst du damit fertig? Es ist auffallend, dass uns dabei zuallererst die Widrigkeiten einfallen. Die Frage ist aber umfassender. Auch wenn ich gesund und glücklich bin oder Erfolg habe, die Frage bleibt: „Wie gehe ich damit eigentlich um?“ Gott hilft eben nicht nur, die dunklen Stunden anzunehmen. Das natürlich auch. Er befähigt auch, das Gute, die Kräfte, die Chancen, die Gelegenheiten, das Glück anzunehmen. Wer nicht mehr staunen kann über all das, was ihm doch zur Verfügung steht, wird in seiner Haltung verkrampft und anspruchsvoll, als stünden ihm die Dinge selbstverständlich zu. Wenn es dann aber anders kommt, fängt er an zu grübeln, zu hadern und zu zweifeln.

Wir werden also nicht nur üben müssen, auch Schweres in unserem Leben zu verkraften.

Wir sollen auch den Blick offen halten für all das, was wir empfangen – als unverdientes Geschenk. Auch Glück und Erfolg zu haben will gelernt sein.

In jeder Lebenssituation gilt, was ein Schreiber der Bibel so formuliert hat:
„Befiehl dem Herrn deine Wege und hoffe auf ihn, er wird's wohl machen." *13. 2. 2008*

Nichts ist wie vorher

Von einem Augenblick zum andern kann der Boden unter unseren Füßen ins Wanken geraten. Alles, was bisher selbstverständlich war, was wir kaum als etwas Besonderes, als Glück, als Geschenk wahrgenommen haben, kann mit einem Schlag dahin sein. Ein Sturz im Alter, ein Satz des Arztes, und alles ist in Frage gestellt. Es ist kein Ausweg zu sehen. Eine Unaufmerksamkeit, eine Lüge, eine boshafte Handlung – und das Glück ist dahin. Wie soll man damit leben? Wäre man nicht besser tot? Und Gott? Hat er weggeguckt? Wird er noch einmal etwas von seiner Güte zeigen – vielleicht später?
Erinnerungen, Bilder, Schicksale von Menschen steigen in uns auf. Das, was Menschen in ihrer äußeren und inneren Not erfahren, scheint so viel wirklicher als die Erfahrung der Nähe Gottes.
Manchmal gibt uns ein Mensch, dem sein Lebensplan in einem Nu zerschlagen wurde, später selbst Auskunft darüber, wie es ihm gegangen ist. Wir wagten kaum daran zu rühren. Wagten nicht zu fragen: „Wie kannst du damit umgehen? Wie kannst du immer noch an Gott glauben, nach dem, was dir widerfahren ist?" Eine Antwort könnte sein: „Zu-

nächst habe ich nur gehadert. Ich habe gedacht: Wäre ich bloß gestorben!" Freunde haben mir einmal eine Karte mitgebracht mit einem Vers von dem Theologen Dietrich Bonhoeffer: *„Von guten Mächten wunderbar geborgen."* Aber ich konnte sie nicht ansehen, ich habe sie in die Schublade gepackt, denn das war ja meine Enttäuschung: Gottes gute Mächte waren nicht da, als ich sie so sehr gebraucht hätte. Aber irgendwann merkte ich, dass ich immer noch mit Gott redete. Nicht mehr nur klagte: „Warum?" Sondern eher so: „Du hast mich am Leben gelassen, dann zeig mir auch den Weg." Und viel später holte ich die Karte aus der Schublade, weil ich mich daran festhalten konnte und wollte:
„Gott ist bei mir am Abend und am Morgen und ganz gewiss an jedem neuen Tag." Manchmal geht es uns erst im Nachhinein auf, dass Zeiten, in denen wir durch Unerträgliches durchmussten, nicht Zeiten waren, in denen wir vom Leben abgeschnitten waren.
„Es sollen wohl Berge weichen und Hügel hinfallen", heißt es in der Bibel. Und weiter: Gott spricht: *„Aber meine Gnade soll nicht von dir weichen."* Die Mitte des Verses ist das Wörtchen *aber*. Gott setzt es all den anderen Erfahrungen entgegen. Es können Berge weichen und Hügel hinfallen, ja, es kann uns alles ins Wanken geraten und zusammenbrechen wie ein Kartenhaus, aber Gottes Gnade, seine liebevolle Zuwendung soll nicht hinfällig werden. Manchmal sieht es aus, als hätte Gott uns vergessen. Mit seinem *aber* bricht Gott die heillose Si-

tuation auf. Er setzt schöpferisch einen neuen Anfang. Er wird helfend, behütend, stärkend bei uns sein – in allem – trotz allem. Manchmal anders, als wir erwarten. Aber wir leben unter der Zusage, dass nichts uns von Gott trennt. Wir müssen das Unglück, das uns trifft, nicht als Strafe Gottes ansehen. Er entzieht sich nicht. Denn mitten im Dunkel ist Gott da, tröstend, wie einen seine Mutter, sein Vater tröstet. Zuletzt wirst du erkennen, dass du niemals stärker umarmt warst als im Leid.
Gott sagt: *„Ich halte euch fest; ich lasse euch nicht ins Bodenlose fallen; ich bin bei euch im Dunkel. Meine liebevolle Zuwendung soll nicht von dir genommen werden.“* *5. 5. 2009*

Unmögliches wird möglich

Unmöglich! Geht nicht. Brauche ich gar nicht erst zu versuchen. Verschwendete Energie. Wir kennen diese Worte aus unterschiedlichen Zusammenhängen. Wissen, wann wir sie sagen oder zumindest so denken. Die Worte haben einen negativen Klang. Enthalten Negativbotschaften. Da sagt eine über eine andere: Die ist völlig unmöglich! Wie die schon aussieht! Oder: Unmöglich, dass der sich noch einmal ändert mit seinem Dickschädel! Das Urteil ist gefällt und zwar endgültig. Keine Chance zur Veränderung!
Unmöglich! Das hat auch der junge Mann gedacht, der eines Tages zu Jesus kommt. Er hat sein Leben

lang nach Gottes Geboten gelebt. Gratulation. Das ist nicht schlecht. Der junge Mann ist reich. Trotzdem spürt er: Es fehlt mir etwas. So kommt er zu Jesus und fragt: *„Guter Meister, was muss ich tun, damit ich das ewige Leben ererbe?“* Einer, der im Vergänglichen alles Erstrebenswerte erreicht hat an Macht und Besitz, fragt nach dem Unvergänglichen, nach dem ewigen Leben. Nach dem, was über alle unsere Leistungen hinausgeht. Und Jesus? Er schärft die Verantwortung ein, die Reichtum und Besitz vor den Menschen, aber eben auch vor Gott mit sich bringen. *„Wem viel gegeben ist, bei dem wird man viel suchen; und wem viel anvertraut ist, vom dem wird man umso mehr fordern.“* Daran hält er sich mit seiner Aufforderung, der Mann solle alles um der Armen willen drangeben und sein Leben mit Jesus verbringen: *„Komm und folge mir nach!“*

Der Mann wendet sich ab. Traurig zieht er davon. Er spürt: Er kann nicht loslassen. Will nicht abgeben. Jesus nachfolgen? Der Schritt wäre zu groß. Der Schnitt zu schmerzhaft.

Zum Glück endet die Geschichte hier nicht. *„Was bei den Menschen unmöglich ist, das ist bei Gott möglich“*, sagt Jesus. Ein Gegenwort gegen die Resignation. Gegen all diese negativen Sätze vom Anfang. Und damit beginnt die hoffnungsvolle Seite der Geschichte. Jesus entlässt den jungen Mann nicht in die Trostlosigkeit. Versagt ihm nicht den letzten Hoffnungsschimmer. Er verheißt ihm den Reichtum der unermesslichen Möglichkeiten Gottes: *„Was bei den Menschen unmöglich ist, das ist bei Gott möglich!"*

Darum heißt der Wahlspruch der Christen: *„Keiner darf verloren gehen!"* Der Glaube und das Vertrauen zu Jesus Christus können uns diese neue Perspektive zeigen. Gott steht auf der Seite aller, denen der Blick auf die Zukunft versperrt ist. Auf der Seite der Mühseligen und Beladenen, die nicht wissen, wie sie allein weiterkommen. Auch auf der Seite der Wohlhabenden und Starken, die den andern zur Seite stehen können, wenn sie nur beginnen, sich an die Zusagen Gottes zu halten und nicht allein auf die eigene Kraft zu vertrauen. Nicht ein falsches Vertrauen auf die eigenen Möglichkeiten soll uns prägen, sondern das Vertrauen auf Gottes Möglichkeiten. Dann kann man folgende Erfahrung machen: Unmöglich Gedachtes wird durch Gottes Möglichkeiten möglich.

Ein Reicher wird bereit zum Verzicht. Zerstrittene Nachbarn versöhnen sich. Ein Kranker lernt seine Krankheit anzunehmen und nicht nur um sich und seine Probleme zu kreisen.

Unmöglich? Nein, möglich. *„Was bei den Menschen unmöglich ist, das ist bei Gott möglich!"*

Das Wort lockt uns und fordert uns heraus, Verantwortung zu übernehmen. Mit all unseren Möglichkeiten. Engagiert. Mit Leidenschaft und Kompetenz. Mit Liebe. Und gleichzeitig mit Gottes unermesslicher Kraft zu rechnen. *7. 5. 2009*

Sein Leben bereinigen

Dem habe ich es aber gegeben! Sooo klein habe ich ihn gemacht! Sooo klein – mit Hut!

Eine sprichwörtliche Redewendung. Um einen anderen klein zu machen, bedarf es aber nicht des großen Donnerwetters. Es geht auch ganz subtil. Etwa so: „Das kannst du sowieso nicht. Aus dir wird nie etwas. Andere sind viel besser als du. Du bist überflüssig."

Die Botschaft: „Du bist nicht gewollt, nicht anerkannt, nicht geliebt." Und irgendwann setzt sich das Gefühl fest: „Es stimmt." Eigentlich mag mich keiner. Ich bin nichts wert. Wir sehnen uns nach Liebe, Verständnis und Annahme. So wie Zachäus. Die Bibel erzählt seine Geschichte.

Zachäus, ein kleiner Mann, äußerlich und innerlich. Er sinnt darüber nach, wie er es allen andern zeigen kann. Mit Ehrgeiz und Energie macht er Karriere. Schließlich bringt er es zum Oberzöllner von Jericho und Umgebung. Jericho, vor 2000 Jahren ein kleines Tor zur Welt. Treffpunkt des Handels und des Schmuggels. Und mittendrin Zachäus als Geschäftemacher im Dienst der römischen Besatzungsmacht. Die Geschäfte laufen gut. Doch das Geld stinkt. Der ehrbare Bürger geht ihm aus dem Weg.

Zachäus denkt: „Wenn die andern mich schon nicht mögen, dann sollen sie wenigstens Respekt vor mir haben. Neidisch sein auf meinen Erfolg, meinen Besitz, mein Geld." So lebt Zachäus vom Ersatz. An-

sehen, Verständnis und Liebe werden durch Besitz und Geld ersetzt. Aber: Wird ein kleiner Mann durch Kapital zum großen Mann?
Zachäus spürt, dass ihm etwas Entscheidendes fehlt. Und dann kommt Jesus vorbei. Ein Volksauflauf. Der kleine Zachäus sieht nichts. Nur die Rücken der vor ihm Stehenden. In die erste Reihe lässt man ihn nicht. Da stehen die anderen. Da hat er nichts zu suchen.
So klettert er auf einen Baum. Gut getarnt vom Blätterwerk will er den Überblick gewinnen. Er will sehen, ohne selbst gesehen zu werden.
Und dann bleibt Jesus stehen. Er sieht die Menge, er sieht den Einzelnen. Er übersieht niemanden. Und wenn er auch noch so gut getarnt im Blätterwerk eines Baumes sitzt. Jesus sieht Zachäus an. Er schaut zu ihm hoch. Eine umwälzende Erfahrung für Zachäus: Er wird angesehen. Er fühlt sich zu Ansehen gebracht. Und er wird angeredet mit seinem Namen: „Zachäus!" Vielleicht zum ersten Mal in seinem Leben erfährt er: Es gibt jemanden, der mich annimmt, wie ich bin. Der mich ansieht, obwohl er mich durchschaut. Der mich anredet, obwohl mein Name keinen guten Ruf hat.
Und die Anrede bleibt nicht folgenlos. Zachäus macht reinen Tisch. Er bereinigt seine Vergangenheit. Sein Leben gerät auf eine neue Bahn. Eine Begegnung hat dies ausgelöst. Die Begegnung mit Jesus.
Wir heißen nicht Zachäus. Aber auch wir sehnen uns nach Liebe, Verständnis und Annahme. Auch

wir sind angewiesen auf Erbarmen und Nachsicht von Gott und den Menschen, denen wir manchmal einiges zumuten. Und wenn Jesus Zachäus ansieht und ihn hineinnimmt in die Gemeinschaft mit Gott, dann ermutigt das auch mich. Auch für mich ist da Platz. *28. 8. 2007*

Glauben leben

Schön, dass es dich gibt

„Gut, dass du da bist!“ Ein schöner Satz am frühen Morgen. So begrüßt zu werden, tut gut. Der andere streckt mir seine Hand entgegen und freut sich ganz offensichtlich, dass ich gekommen bin. Er ist gespannt auf die Begegnung, auf gute Gespräche. Der freundliche Zuspruch von Menschen tut Leib, Seele und Geist gut.
Die entgegengestreckte Hand ist für mich zum Sinnbild geworden. So begegnet mir Gott jeden Morgen neu. So streckt er mir an jedem Morgen seine Hand entgegen. „Gut, dass du da bist! Schön, dass es dich gibt!“ Gott hat mir mein Leben anvertraut und begegnet mir freundlich. Er hat mich geschaffen mit meinen Stärken und Schwächen und mit allen meinen Sinnen. Mit meinen Augen kann ich die Schönheit des Wolkenspiels am Himmel sehen. Meine Ohren freuen sich an den Harmonien eines Musikstücks. Mit meiner Nase kann ich den Blütenduft des Sommers einatmen. Mit meiner Zunge schmecke ich eine leckere Speise.
Da kann ich nur staunen und mit dem Beter eines Psalms einstimmen: *„Ich danke dir dafür, dass ich wunderbar gemacht bin!“*
Im Alltag erlebe ich anderes. Während der Ausbildung und im Beruf werden Leistungen gefordert.

Dort zählen schnelles Erfassen von Vorgängen, kompetenter Umgang mit Menschen, sachgerechte Arbeit. Man kann den Eindruck gewinnen, dass Noten, Zeugnisse und Beurteilungen über den Wert eines Menschen entscheiden. Wer in seinem Leben etwas erreichen will, muss etwas bringen. „Leiste was, dann bist du was!“ Irgendwie macht es auch Spaß, etwas zu leisten. Wenn man sieht, dass sich der Einsatz lohnt, stellt sich ein Erfolgsgefühl ein. Dennoch: Nicht die Leistung bestimmt den Wert meines Lebens. Über den Wert bestimmt der, der mir das Leben mit seinen Möglichkeiten und Grenzen geschenkt hat und der Ja sagt: Gott.

Dieses Ja Gottes zu uns können wir mit immer neuen Sätzen umschreiben, z. B. so: „Du bist da. Und dass du bist, ist gut.“ Sein *Ja* hat Gott in seinem Sohn Jesus Christus verbürgt. Vorurteilslos ist Jesus auf die unterschiedlichen Menschen zugegangen. Er hat sie so angesehen und geliebt, wie sie ihm begegneten. Gut, dass du da bist. Das eröffnet Perspektiven!

Manche stecken aber voller Minderwertigkeitskomplexe. Sie erwecken den Eindruck, als wollten sie sich dauernd dafür entschuldigen, dass es sie überhaupt gibt. Steht ein Mann morgens vor dem Spiegel, sieht in das zerknitterte Gesicht und brummt: „Ich kenne dich zwar nicht, ich mag dich auch nicht, aber ich rasiere dich trotzdem!“ Nicht immer geht es so gutmütig ab. Gut, dass es dich gibt?

Bei meiner Taufe hat Gott sein *Ja* zu mir gesprochen. Jeden Tag lerne ich, dieses *Ja* nachzusprechen.

Einmal zu mir selbst. Ich kann mich annehmen, ohne neidisch auf andere zu schauen. Ich bin geschaffen, nicht geworden, ein unverwechselbarer, origineller Gedanke Gottes. Und dann gilt das *Ja* auch den anderen. Danke, dass es dich gibt.

8. 6. 1998

Ehrenamt – ein Geschenk

„Die Demokratie lebt vom Ehrenamt", hat Theodor Heuß, der erste Bundespräsident der Bundesrepublik Deutschland einmal formuliert. Die Lebensqualität einer Gesellschaft hängt eben nicht nur von der materiellen Versorgung ihrer Bürger ab, sondern mindestens ebenso von dem Klima des sozialen Miteinanders. Dieses aber wird in erheblichem Maß durch das Engagement Ehrenamtlicher bestimmt. Sie stellen ihre Zeit, ihre Kraft, ihre Erfahrung und ihre Kompetenz zur Verfügung, um Hilfe und Unterstützung anzubieten, Selbsthilfe zu fördern und Gemeinschaft und Solidarität erfahrbar zu machen. Ehrenamtliche Arbeit kann ebenso professionell sein wie bezahlte.

Was für das demokratische Gemeinwesen gilt, gilt erst recht für die Kirche. In den Kirchen ist die Bereitschaft zur ehrenamtlichen Arbeit sehr hoch. Nach christlichem Verständnis sind die Christen durch die Taufe berufen und ermächtigt, die Aufgaben der Kirche selbst zu übernehmen, zu beraten und zu entscheiden. Dabei sollen Frauen und Männer, Junge und Alte aufgrund ihrer Begabungen und Fähigkeiten in unterschiedlichen Aufgaben haupt- und ehrenamtlich zusammenarbeiten.

Christliche Gemeinde – das ist die Zusammenfassung der verschiedenen Gaben, die Gott geschenkt hat. Die Fähigkeit, zuhören zu können und zu trösten. Oder die Gabe, ein gelungenes Fest vorzubereiten. Oder jemand spürt, wo dem Nachbarn, der Arbeitskollegin gerade der Schuh drückt. Ein anderer kann Konzeptionen entwickeln und in die Tat umsetzen. Andere bringen ihre Kompetenz ein in Vorständen und Fördervereinen. Die Gaben sind bunt und vielfältig. Gott sorgt mit seiner Zuteilung von Begabungen für Originalität und Vielfalt. Und dafür, dass Sie und ich eigenständige Exemplare sind und dennoch die Ergänzung durch andere brauchen.

Ich finde es spannend, wenn Mitarbeiterinnen und Mitarbeiter erzählen, wie sie selbst von der Mitarbeit profitieren. Sie erfahren, dass sie gebraucht werden, dass sich ihr Einsatz lohnt. Ihr Leben wird durch die ehrenamtliche Tätigkeit bereichert. Manche haben entdeckt, dass sie noch ganz andere Fähigkeiten haben als die, die im Beruf gefordert sind. Andere bringen ihre berufliche Kompetenz sinnvoll ein.

Wie viele unerkannte Talente treten zutage, wenn nur die Chance der Mitarbeit geboten wird. Gaben sind wie Geschenke. Niemand bekommt alles, aber alles muss ausgepackt werden. Wenn ich daran denke, wie viele Gaben unentdeckt in unseren Gemeinden schlummern, träume ich immer von der Gemeinde als einer Spielwiese der Gaben. Dort kann man Gaben entdecken und entwickeln. Gott hätte seine helle Freude daran, die Gemeinde auch, und nicht zuletzt diejenigen, die sich auf diese Spielwiese einladen lassen. *8. 7. 2000*

Die Gemeinde – das sind wir

Dem amerikanischen Pfarrer Herbert Wright wurde von seiner Gemeinde in Yonderton gesagt: „Die Gemeinde ist tot." Sonntags predigte der Pfarrer vor leeren Bänken. Dann gab er eine Zeitungsanzeige mit schwarzem Rand auf:

„Mit dem Ausdruck des tiefsten Bedauerns und mit der Zustimmung seiner Gemeinde meldet der Pfarrer den Tod seiner Gemeinde. Trauerfeier am Sonntag um 11.00 Uhr. Die Bewohner von Yonderton sind herzlich eingeladen, an diesem letzten Akt ihrer Dorfkirche teilzunehmen."

Am Sonntag war die Kirche rappelvoll. Gespannt sah alles auf den schlichten Eichensarg vor dem Altar. Der Pfarrer begann: „Sie halten die Gemeinde für tot. Ich bitte Sie um eine letzte Prüfung Ihrer Ansicht. Gehen Sie an dem Sarg vorbei und sehen Sie den Toten an. Dann verlassen Sie die Kirche durch das Ostportal. Sollten Sie aber zur Einsicht kommen, die Gemeinde lasse sich noch einmal beleben, dann bitte ich Sie, wieder durch das Nordportal hereinzukommen."

Der Pfarrer öffnete langsam den Sarg. Die Gottesdienstbesucher fragten sich: „Was wird wohl in dem Sarg liegen?“ Und: „Was ist eigentlich die Kirche, die Gemeinde? Woraus besteht sie?“
Einer nach dem andern trat vor den Sarg. Einer nach dem andern verließ die Kirche durch das Ostportal. Einer nach dem andern kehrte durch das Nordportal zurück. Denn alle sahen im Sarg nicht die ganze tote Gemeinde, sondern nur eins ihrer toten Glieder, nämlich sich selbst im Spiegel.
Christliche Gemeinde sind wir! Wenn wir tot sind, ist die Gemeinde tot. Wenn wir lebendig sind, dann ist die Gemeinde lebendig.
Im Neuen Testament wird die christliche Gemeinde mit unterschiedlichen Bildern beschrieben. Sie wird verglichen mit einem Körper, der unterschiedliche Glieder hat. Jedem Glied kommt eine wichtige Aufgabe zu. Keins darf fehlen. Keins ist überflüssig.
Die Glieder der Gemeinde sind miteinander verbunden und aufeinander angewiesen.
Christliche Gemeinde gleicht einem Haus mit vielen Räumen und Türen. Viele arbeiten mit, um das Haus zu gestalten. In den unterschiedlichen Räumen haben verschiedene Menschen ein Zuhause.
Glücklicherweise muss in der Gemeinde nicht einer oder eine alles tun und können. Christliche Gemeinde lebt vom Engagement vieler. Vielleicht sagen Sie, dass Sie dafür nicht die richtigen Gaben haben. Mancher hat Talente, Eigenschaften und Begabungen erst entdeckt, als er mit der Mitarbeit be-

gann. Die Gaben sind bunt und vielfältig. Gott gibt reichlich.
Jeder und jede kann eigene Gaben entdecken, sich daran freuen und sie dann einsetzen im Leben der Gemeinde. *27. 4. 1994*

Keine Freiheit ohne Verzicht

Fasten hat in den letzten Jahren neu an Aktualität gewonnen. Früher wurde man nur von der Kirche zum Fasten aufgefordert. Heute ist Fasten zu einem Schlüsselwort der Mediziner und Ernährungswissenschaftler geworden. Jedes Ärzteblatt, jede Krankenkassenzeitschrift spricht von der Notwendigkeit des Fastens und der gebremsten Ernährung. Die Personenwaage im Bad ist *das* Kontrollinstrument für modernes Fasten. Es gibt Menschen, die aus dem Fasten einen richtigen Kult entwickelt haben und die man nur noch mit Kalorientabellen und Gewichtskurven hantieren sieht. „Wenn bei uns ein Schrei durch die Wohnung geht", sagt ein 14-Jähriger, „dann braucht sich keiner zu erschrecken. Mutter steht auf der Waage." Und er bemerkt über seine Mutter: „Sie kann doch nicht erwarten, dass sie bis ins hohe Alter aussieht wie ein Top-Modell. Sie ist doch schon 38."
Fasten! Im Kirchenjahr gibt es zwei Fastenzeiten – einmal die Adventszeit als Vorbereitungszeit auf Weihnachten, und dann die Passionszeit, die mit dem Aschermittwoch beginnt. Viele christliche Gemeinden nutzen diese Wochen vor Ostern für die Aktion

„*Sieben Wochen ohne.*“ Als sie vor Jahren ins Leben gerufen wurde, ging es nicht zuerst ums Körpergewicht und um die vielen Krankheiten, die durch die Überbelastung der Organe entstehen können. Sicher: Die Verantwortung gegenüber unserem Schöpfer, der uns Leib und Leben gegeben hat, müsste uns davor bewahren, mit Messer und Gabel Selbstmord zu begehen. Die Aktion „*Sieben Wochen ohne*“ wollte schon damals und will bis heute herausfordern, das Verzichten und Loslassen bewusst zu praktizieren. Fasten ist das fröhliche Verzichten auf Dinge, die wir uns eigentlich leisten können. Nicht um Eindruck zu machen, nicht um beachtet, bemitleidet oder bedauert zu werden, sondern um Zeichen innerer Freiheit zu setzen.

Durch die reißerischen Sprüche im Werbefernsehen und die verlockenden Angebote in den Schaufenstern verlieren wir die Maßstäbe für das, was notwendig ist und was nicht.

Es ist schon wichtig, gelegentlich zu testen, ob ich noch über oder schon unter den Dingen stehe, ob ich noch frei bin oder schon an Gewohnheiten gefesselt, ob ich mein Leben beherrsche oder ob mein Leben mich beherrscht. Wie könnte ich das besser als durch gezielten Verzicht auf das, was mich am meisten beschäftigt und lockt, was reizt und die Gedanken ausfüllt. Es ist der Test meiner Freiheit, dass ich mir einige Wochen im Jahr eine Zeit des Verzichts auferlege.

Sieben Wochen ohne. Manche gestalten diese Wochen als Passionszeit ohne Alkohol, andere verzichten bewusst aufs Rauchen, auf den Kaffee, auf die Süßigkeiten oder das Fernsehen. An *einer* Stelle wird der Test gemacht, ob man noch „nein danke“ sagen kann. Schön ist es, wenn sich mehrere Menschen verabreden, bei der Aktion „Sieben Wochen ohne“ mitzumachen. Der Austausch über die eigenen Erfahrungen hilft beim Durchhalten.

Sieben Wochen ohne – diese Aktion ist auch um anderer Menschen willen wichtig. „Brich dem Hungrigen dein Brot, und die im Elend ohne Obdach sind, führe ins Haus! Wenn du einem begegnest, der in Lumpen herumläuft, gib ihm Kleider. Hilf, wo du kannst, und verschließ deine Augen nicht vor den Nöten deiner Mitmenschen!“

Diese Aufforderung aus der Bibel wirft Fragen auf. Wie können wir uns um andere kümmern, solange wir nicht bereit sind zum Verzicht? Verzichten auf ein Stück Freizeit, um Zeit für andere zu haben. Verzichten auf eigene Bequemlichkeit, um Kraft zu haben für andere. Verzichten auf eine Mahlzeit in der Woche oder auf einen Teil des Einkommens, um mit andern zu teilen. *Sieben Wochen ohne.* Das soll nicht mürrisch oder gezwungen praktiziert werden, sondern als Bewährung der Freiheit. Es gibt keine Freiheit ohne Verzicht! *3. 3. 1999*

Beschenkte schenken gern

„Haben Sie schon alle Geschenke?“ Eine oft gestellte Frage vor Weihnachten. Fast so etwas wie ein Stoßseufzer. Schenken scheint schwierig zu sein.
„Was soll denn der gegenseitige Austausch von Geschenken“, so höre ich immer öfter, „man setzt sich doch nur unter Druck. Weil du mir im letzten Jahr so etwas Teures geschenkt hast, muss ich jetzt auch. Den Stress ersparen wir uns. Wir lassen das mit den Geschenken ganz sein.“
Immer mehr Menschen denken so und handeln entsprechend. Es gibt keine Geschenke mehr zu Weihnachten. Kein Paket mehr unter dem Weihnachtsbaum. Alles abgeschafft. Den Stress ersparen wir uns!
Ich habe die Vermutung, dass es um mehr geht als um ersparten Stress. Sind wir nicht dabei, das Schenken überhaupt und das sich Beschenken lassen zu verlernen? Natürlich kann das Schenken zum bloßen Warenaustausch verkommen. Wie du mir, so ich dir – zum gleichen Preis-Leistungs-Verhältnis. Aber bin ich denn gezwungen, so zu handeln? Was hindert uns, einfach „Danke“ zu sagen? Was hindert uns, ganz ohne Berechnung zu schenken? Da liegt für mich der Kern des Problems. Sich beschenken lassen heißt ja: Jemand gibt mir etwas umsonst, weil er mir eine Freude machen will, weil er mich mag, ganz ohne weitere Hintergedanken. Ist es uns peinlich, so beschenkt zu werden? Haben wir Angst, ein Geschenk würde uns in Abhängigkeit bringen?

Spielen wir lieber die Starken, die sich nichts schenken lassen, weil sie alles allein auf die Reihe kriegen? Verdächtig oft höre ich nicht nur ältere Menschen sagen: „Mir ist auch nichts geschenkt worden!"
Allerdings: In den meisten Fällen stimmt dieser Satz nicht. Es ist doch so, dass uns fast alles Wichtige im Leben geschenkt wird: das Leben selbst, die Liebe der Eltern oder des Partners, das schöne Wetter, die gute Laune.
Von Leistung und Gegenleistung allein können wir nicht leben. Geschenke annehmen können und selbst schenken – das ist lebenswichtig.
Ich lerne das immer wieder bei Gott: Ich bin geliebter, als ich es mir träumen lasse, geliebter, als Menschen es mir zeigen. Und vor allem: geliebter, als ich es verdient habe! Ein unglaubliches Geschenk. Ich musste erst lernen, dieses Geschenk anzunehmen. Aber nun lebe ich von diesem Geschenk: „Danke, guter Gott, dass du mich mit deiner Liebe beschenkst. Lass mich jetzt auch lernen anzunehmen, was andere Menschen mir schenken!"
Die Frage, ob mein Geschenk wohl ankommt, erledigt sich in einem Fall fast von selbst: Wenn in meinem Geschenk Liebe drin ist. Wenn es mit Liebe ausgesucht wurde.
Wenn der Beschenkte das Geschenk dann zurückweist, tut es besonders weh. Weil meine Liebe damit zurückgewiesen wird. Etwas mit Liebe schenken, bedeutet immer Wagnis und Risiko.
An Weihnachten ist Gott dieses große Risiko eingegangen. Das Kind Jesus im Stall von Bethlehem,

Gottes großes Geschenk für alle Welt. Mit diesem Geschenk lässt Gott sich ins Herz schauen. Wir können sehen, wie sehr er uns liebt.
Und da wollen wir das Schenken abschaffen, wenn wir so beschenkt sind? *20. 12. 1999*

Mutmacher statt Miesmacher

Und wieder ist es Herbst. Herbstzeit ist für mich Kerzenzeit. Ich mag Kerzen in den unterschiedlichen Varianten – als Windlicht oder Teelicht oder als wuchtige Altarkerze. Andere Lichter sind heller. Etwa die vielen Glühbirnen in unseren Häusern und Wohnungen. Ein Druck auf den Knopf, ein Dreh am Schalter und es wird hell im Haus. Oder die Flutlichtanlagen in den Fußballstadien. Sie machen ein großes Gelände taghell. Wir haben uns längst daran gewöhnt, auch in der dunklen Jahreszeit im Hellen zu leben.
Verglichen mit all diesen großen Lampen oder Flutlichtanlagen ist eine Kerze unbedeutend und klein. Sie macht nicht viel her. Und wie leicht verlischt sie. „*... den glimmenden Docht wird Gott nicht auslöschen*“, heißt es in der Bibel. Ein Bild der Hoffnung. Gott löscht den glimmenden Docht nicht aus. Er liebt auch die kleinen Lichter. Auch die, für die es gerade eben nur noch zum Glimmen reicht. Ohne Bild gesagt: Er gibt keinen Menschen auf. Mit großer Geduld facht er unser Lebenslicht immer wieder an. Das hat Konsequenzen. Wir können hoffnungs-

voll mit uns selbst umgehen! Wir brauchen uns nicht für unwichtig und unnötig halten, denn jeder und jede ist geliebtes Geschöpf Gottes, das seine Leuchtkraft vor ihm nie verliert. Grund zum Staunen – Grund zum Danken – Grund zur Hoffnung.
Können Sie sich als kostbaren Sohn, als kostbare Tochter Gottes sehen? Ein guter Test sind unsere Selbstgespräche. Was sagen Sie da?
Vielleicht: „Warum muss mir immer so etwas passieren?“ Oder: „Allen geht es gut – nur mir geht es schlecht!“ Welchen Inhalt haben Ihre Selbstgespräche? Einen negativen? Einen positiven?
Es ist schön, wenn in den Selbstgesprächen auch der Dank Gott gegenüber ausgedrückt wird. Dann kann ein Selbstgespräch zum Gebet werden, zum Beispiel: „Danke, Gott, dass die Arbeit gelungen ist. Danke für das gute Gespräch.“ Und wenn Sie in den Spiegel schauen, dann schaut Sie ein geliebtes Geschöpf Gottes an. Und ein begabtes dazu. Wenn das nicht Grund ist, liebevoll und geduldig mit sich selbst umzugehen!
„... den glimmenden Docht wird Gott nicht auslöschen.“ Das Wort weist noch in eine andere Richtung. Wenn Gott keinen Menschen aufgibt, dürfen auch wir keinen aufgeben. Wer einen Menschen aufgibt, tut Gott weh. So wie Gott mir mit Geduld und Liebe begegnet, so macht er es mit andern Menschen auch. Wie Gott mir Raum und Zeit zur Umkehr gibt, so soll ich andern auch Zeit geben. Wenn wir doch endlich aufhören würden, über andere Menschen Jüngstes Gericht zu halten!

Mutmacher sind nötig – keine Miesmacher! Menschen also, die eine große Hoffnung für andere haben. Oft meinen wir genau zu wissen, wie der andere reagieren muss, wie er sich entwickeln wird, was er denkt und tut. Dabei erliegen wir immer wieder Täuschungen. Das Gebet für einen Menschen ist ein erster wichtiger Schritt aus diesen Täuschungen heraus. Das Gespräch *miteinander* und nicht *übereinander* ein weiterer. Unsere Hoffnung für andere erweist sich in der Art, wie wir Menschen begegnen. Denn: „... den glimmenden Docht wird Gott nicht auslöschen.“ *27. 9. 2005*

Tragt einander die Lasten

Vor einiger Zeit machte ich eine Reise mit der Bahn. Rückreise von Dresden. Spät am Abend komme ich auf dem Hauptbahnhof in Hannover an. Todmüde. Schwer bepackt mit Koffer, Reisetasche und Tüten stehe ich auf dem Bahnsteig. Mein Zug nach Bielefeld fährt in wenigen Minuten am anderen Ende des Bahnhofs weiter. Wie kriege ich mein Gepäck so schnell vom einen auf den anderen Bahnsteig?
Drei Möglichkeiten schießen mir durch den Kopf. Die erste: Selber schleppen. Das wäre sehr mühsam. Das Gepäck ist schwer. Außerdem ist die Zeit knapp. Die zweite Möglichkeit: Ein netter Mensch, der sich erbarmt und mit anpackt. Doch darauf zu warten könnte länger dauern als ein paar Minuten. Die dritte Möglichkeit: Ein Kofferkuli! Einer von jenen hilf-

reichen Wagen, die man mit dem gesamten Gepäck beladen kann, um sie auf leichte Weise zum gewünschten Ziel zu transportieren. Fast so eine Art Einkaufswagen wie im Supermarkt. Ich fand einen Kofferkuli und bekam meinen Anschlusszug. Erleichtert – im wahrsten Sinn des Wortes.

Nicht alles, was man mitschleppt und was einen beschwert, kann man so einfach mit dem Wagen vor sich her- und von sich wegschieben. Diese tiefe Erkenntnis steht hinter einem Satz aus dem Neuen Testament: *„Einer trage die Last des anderen, so werdet ihr das Gesetz Christi erfüllen.“* Wörtlich übersetzt: „Tragt einander die Lasten!“

„Tragt einander die Lasten“ – der Satz ist eine Ermutigung, aufeinander zuzugehen, sich um die Schwäche, die Schuld und die Bosheit des andern zu kümmern, sie zu ertragen und tragen zu helfen.

„Tragt einander die Lasten“ – das ist ein Satz gegen die Ichbezogenheit einer Gesellschaft, ein Hinweis auf das Solidarprinzip. Wer selbst nicht tragen kann, muss getragen werden – auch finanziell.

„Tragt einander die Lasten“ – wir sind aufgefordert, die Not des andern mitzutragen. Hinzuschauen, wo Menschen darunter leiden, dass ihr Leben sinnlos und leer scheint.

Mitzutragen, wo einer unter der Last seiner Veranlagung seufzt und nicht weiß, wie er damit fertig werden soll. Mitzutragen, wo einer am Weg sitzt und uns mit leeren Augen ansieht: Womit wirst du mir helfen?

Niemand kann die Lasten aller schleppen. Niemand muss die Lasten aller schleppen.
Aber jeder kann an ein oder zwei Stellen zupacken, sich engagieren, damit Lasten leichter werden.
„Einer trage die Last des andern, so werdet ihr das Gesetz Christi erfüllen." *31. 3. 2004*

Unser tägliches Brot gib uns heute

Haben Sie schon gefrühstückt? Sind Sie vielleicht noch dabei? Oder hören Sie die Morgenandacht auf nüchternen Magen? In der sicheren Erwartung: Gleich gibt´s Kaffee?
Mich weckt am Morgen das Mahlwerk meiner Kaffeemaschine. Punkt 6.30 Uhr ist vorprogrammiert. Noch bevor ich überhaupt an die Bitte des Vaterunsers denken kann *„Unser tägliches Brot gib uns heute"*, läuft schon die Kaffeemaschine. Und sie läuft so selbstverständlich, dass es die Bitte um das tägliche Brot schwer hat, über die Lippen zu kommen. Mit vollem Mund betet es sich schlecht um das tägliche Brot.
„Unser tägliches Brot gib uns heute", so hat Jesus es uns vorgebetet. Das ist allerdings etwas anderes als mein tägliches Brot. Schon das erste Wort der Bitte macht uns darauf aufmerksam, dass wir sie niemals für uns allein bitten können. Es geht immer um das gemeinsame Brot, das Brot für alle, das „Brot für die Welt".
„Unser tägliches Brot gib uns heute." Das kleine

Wort *unser* weist weit über unsere Privatsphäre und die Bedürfnisse des einzelnen Menschen hinaus. Es zeigt weltweite Perspektiven auf, stellt uns mitten hinein in die wirtschafts- und ernährungspolitischen Probleme unserer Zeit. Währungs- und Entwicklungspolitik, die Strategie weltweiter Hilfsmaßnahmen – all das kommt in unseren Blick, wenn wir die vierte Bitte des Vaterunsers beten.

„Unser tägliches Brot gib uns heute", das will uns unruhig machen und in Bewegung setzen.

Die Bitte nimmt uns in die Pflicht. Man kann nicht beten und dann die Hände in den Schoß legen. Die Bitte sucht Menschen, die Hand anlegen und in ihrem Einflussbereich sich dafür einsetzen, dass Hungernde gespeist werden und Hilflosen geholfen wird. Und die dabei zugleich wissen, dass das Entscheidende nicht von ihnen abhängt. *„Unser tägliches Brot gib uns heute"*, das ist keine Bitte der Sicheren, kein Gebet der Satten und der Reichen. Es wird immer ein Gebet der Armen bleiben. Ein Gebet für Menschen, die wissen, dass sie ihr Leben und alle Lebensmittel im Letzten Gott verdanken. Er ist der Geber aller guten Gaben.

Sollten Sie gerade das Frühstück vorbereiten wollen oder am Frühstückstisch sitzen – dann halten Sie einen Moment inne. Lassen Sie Ihren Lebensrhythmus unterbrechen von der Bitte: *„Unser tägliches Brot gib uns heute."*

16. 3. 2006

Wieder in die Kirche eintreten

„Kommt und seht", so hat Jesus Menschen eingeladen, die Erfahrungen machen wollten mit dem Mann aus Nazareth. *„Kommt und seht"* – wer sich darauf einlässt, der macht Erfahrungen fürs Leben.
Mittwoch war ein besonderer Tag für Katja. Denn seit Mittwoch vor 14 Tagen gehört sie ganz offiziell wieder zur Kirche. „Meine Einstellung zum Glauben habe ich nie geändert. Aber jetzt will ich auch offiziell wieder zur Kirche gehören", sagt sie. Persönliche Enttäuschungen waren der Grund gewesen, weshalb sie vor sieben Jahren die Kirche verließ. „Damals steckte ich in einer schwierigen Lebenssituation. Ich fühlte mich missverstanden und nicht unterstützt von der Kirche." Schweren Herzens ging sie zum Amtsgericht und erklärte ihren Austritt.
Sie bekam Kontakt zu einer Frau, die zweimal in der Woche ehrenamtlich in einem Pflegeheim mitarbeitet. Bald fing sie ebenfalls an, sich zu engagieren. Manche Gespräche folgten. „Jetzt will ich alles wieder geordnet haben", sagt sie.
An dem besagten Mittwoch machte sie „Nägel mit Köpfen". Sie trat wieder in die Kirche ein. Besonders gefallen hat ihr der Segenswunsch, den sie mit auf den Weg bekam: „Ich wünsche dir, dass du bewahrt sein mögest an Leib und Seele. Dass Gott dich trägt und schützt und dich durch alles, was dir geschieht, seinem Ziel entgegenführt."
Bei dem 31-jährigen Carsten hatte eine Feier mit Freunden vor vielen Jahren zum Kirchenaustritt ge-

führt. „Wir überlegten, wo wir Geld sparen könnten. Da fiel uns die Kirchensteuer ein.“ Carsten hat nach dem Studium einen guten Job gefunden. „Ich habe in den letzten Jahren so viel Gutes erlebt“, sagt er. „Der liebe Gott hat mich nicht vergessen. Jetzt will ich ihm danken. Ich trete in die Kirche ein und unterstütze mit meinem Geld, was die tun.“

Die 20-jährige Lena ist als Kind nicht getauft worden. Ihre Eltern sind häufig umgezogen. „Da haben sie meine Taufe irgendwie vergessen“, sagt sie. In der 7. Klasse melden sich ihre Freundinnen zum Konfirmandenunterricht an. Sie geht mit und meldet sich auch an. „Die Freizeiten haben mir gut gefallen. Die älteren Mitarbeiterinnen und Mitarbeiter habe ich bewundert. Dazu hätte ich auch Lust.“ Kurz vor ihrer Konfirmation wird sie getauft. „Meine Freundinnen und ich haben gemeinsam mit dem Pastor den Gottesdienst vorbereitet. Das hat echt Spaß gemacht“, sagt sie. Meinen Taufspruch habe ich selbst ausgesucht: *„Gott hat seinen Engeln befohlen, dass sie dich behüten auf deinen Wegen.“* Nach der Konfirmation engagiert sie sich in der Gemeinde. Das hat auch ihren Berufswunsch beeinflusst. Sie will jetzt Diakonin werden.

Drei Beispiele aus der großen Zahl von Männern und Frauen, die den Weg zur Kirche gefunden haben. Über 60.000 Menschen waren es im letzten Jahr in der Evangelischen Kirche. Mit ihrem Eintritt sagen sie auch: „Der christliche Glaube braucht die Gemeinschaft von Menschen. Er braucht auch das organisierte Engagement für Schwache und Hilfsbedürftige.“

Zwischen dem ersten Anstoß und dem Eintritt vergeht meist einige Zeit. Ein neues Verhältnis zum Glauben und zur Kirche lässt sich schließlich nicht übers Knie brechen. Mancher Zweifel begleitet die neue Orientierung. Will ich wirklich dazugehören, zu einer Institution, an der ich vielleicht auch manches auszusetzen habe? Die Kirchentür steht offen. Sie sind eingeladen, den Gottesdienst mitzufeiern, eingeladen in der Kirche mitzureden und mitzubestimmen. Sie werden dann die Erfahrung machen: Kirche ist anders.
Wie hat Jesus gesagt? *„Kommt und seht!“*

28. 9. 2005

Sich erinnern

Don´t look back – schau nicht zurück

Das soll ein Geburtstagswunsch sein? „Don´t look back", steht auf der Karte, schau nicht zurück. Wo ich doch gerne an meinem Geburtstag auch zurückblicke. Eine Geburtstagskarte, die sich deutlich von der üblichen Glückwunschpost abhebt. Und mich beschäftigt. Auch ein wenig geärgert hat.
Soll ich mich etwa meiner Erinnerung schämen? Das will ich auf keinen Fall. Wir wollten kein anderes Leben, als wir hatten. Was ist und was kommt, gehört uns noch nicht. Heute ist vieles im Fluss. Wie wird es werden? Und der Blick in die Zukunft ist uns verhüllt.
Nur das Vergangene gehört uns und wir zu ihm. Wir haben es mitgestaltet im Guten wie im Bösen. Und es hat uns geprägt und fordert seine Zinsen ein, je älter wir werden.
Erinnern aber kann auch schwer erträglich sein. Da liegt manches beieinander, was wir gern verdrängen, vergessen möchten. Die Erinnerung redet gleichermaßen von dem, was gelungen ist, wie von dem, was ich versäumt habe. Sie stellt mir Frieden und Streit, Lob und Klage, Aufbruch und Scheitern, Glück, Leid und Tränen vor Augen. „Don´t look back"?
Wir kommen aber von uns selbst nicht los, auch wenn wir uns in die Arbeit flüchten, die Zerstreuung

suchen oder einfach den Kopf in den Sand stecken. Erinnerung soll uns nicht gefangen nehmen, nicht an die alten Zeiten binden. Das ist schon richtig. Wir sind nicht zu Archivaren unserer Vergangenheit bestimmt, die immer wieder neu die alten Erinnerungsstücke abstauben. Aber erinnern lohnt sich, wenn dadurch der Blick für die Gegenwart geschärft und Platz für den Neuanfang geschaffen wird. Lebensbilanz und Lebensplanung gehören zusammen.

Meine Geburtstagskarten enthalten oft ein Psalmwort: *„Lobe den Herrn, meine Seele und vergiss nicht, was er dir Gutes getan hat.“*

Nein, wir wollen nicht vergessen. Wir wollen uns und einander erinnern. Gottes Wohltaten sind nicht immer auf den ersten Blick sichtbar. Aber man kann Gottes Spuren entdecken. Da muss man stehen bleiben und zurückschauen. Und auch die Mütter und Väter, Großmütter und Großväter fragen. Die, die vor uns im Glauben gelebt haben und daraus immer wieder die Gegenwart begriffen und die Zukunft gestaltet haben. Davon kann man sich anstecken lassen, wenn man sich recht erinnert. Solches Erinnern entlastet. Solches Erinnern befreit. Solches Erinnern lässt hoffen. Ein neueres Kirchenlied, getextet von Diethard Zils[4], singt davon:

[4] Diethard Zils, *Wir haben Gottes Spuren festgestellt,* Text: Diethard Zils 1981 nach dem französischen „Nous avons vu les pas de notre Dieu“ von Michel Scouarnec 1973, Melodie: Jo Akepsimas 1973, Verlag Singende Gemeinde, Bretzfeld

„Wir haben Gottes Spuren festgestellt auf unsern Menschenstraßen,
Liebe und Wärme in der kalten Welt, Hoffnung, die wir fast vergaßen.
Zeichen und Wunder sahen wir geschehn in längst vergangnen Tagen,
Gott wird auch unsre Wege gehen, uns durch das Leben tragen." *12. 2. 2008*

Sich an Gottes Güte erinnern

Von Erinnerungen können wir nicht leben. Aber manchmal wird uns durch die Erinnerung wieder bewusst, wovon und womit wir wirklich leben können. Es hat keinen Sinn, nur in der Vergangenheit zu leben. Aber wenn wir uns mit Hilfe der Erinnerung Vergangenes vergegenwärtigen, kann es uns helfen, ganz in der Gegenwart zu leben.
„Gedenket seiner Wunderwerke, die er getan hat, seiner Zeichen und der Urteile seines Mundes" (Psalm 105,5), heißt es in einem alten Lied der Bibel. Vorgetragen im Gottesdienst, um Erinnerungen wachzuhalten und Mut für die nächsten Schritte zu gewinnen.
„Gedenket!" Heute vor 64 Jahren endete mit der Kapitulation des Deutschen Reiches der Zweite Weltkrieg in Europa. Dankgottesdienste in vielen Städten. „Nun danket alle Gott mit Herzen, Mund und Händen" wurde gesungen. Ein Tag der Befreiung. Frieden. Nach unermesslichem Leid. Von un-

serem Volk über die Welt gebracht. Und nun Frieden. Seit 64 Jahren.
Zugleich erinnern wir uns in diesem Jahr daran, dass vor 20 Jahren die Mauer in Berlin gefallen ist. Einheit in Freiheit und Frieden – seit 20 Jahren.
„Gedenket!" Welchem Gedenken geben wir Raum? Woran erinnern wir uns? Was verdrängen wir? Was wollen wir auf unsere Mahnmale schreiben? Was soll in unseren Gedenkbüchern zu lesen sein?
„Gedenket seiner Wunderwerke, die er getan hat, seiner Zeichen und der Urteile seines Mundes."
Zeichen und Wunder Gottes liegen nirgendwo offensichtlich am Tage. Nichts trägt erkennbar das Etikett „Gotteswunder" oder die Aufschrift „Zeichen Gottes" an sich.
Gott lässt sich niemals begreifen oder mit unserem Verstand erklären. Unsere Berechnungen gehen nicht auf. Unsere Erklärungen greifen zu kurz. Das alte Lied der Bibel weist darüber hinaus. Hinter den Kulissen der Weltgeschichte sieht es Gott am Werke, in Gericht und Gnade. Es ruft die Geschichte des Volkes Israel in Erinnerung. Erwählt und geführt, gehalten im Gericht: *„Ich bin der Herr, dein Gott, der dich aus Ägyptenland, der Knechtschaft, in die Freiheit geführt hat."*
Aber vielleicht gehen unser Herz und Gewissen auf, wenn wir uns an Gottes Güte und Bewahrung erinnern, die wir erfahren haben. Oder wir denken an die Härte, mit der Pläne durchkreuzt, Wege versperrt und das Leben in völlig andere Bahnen gelenkt wurde.

Die Bibel ruft uns nicht in ein Land, in dem unsere Wege von Gotteswundern gesäumt wären und Gottes Strafen den Untaten auf dem Fuße folgten. Aber wer glaubt, kann spüren, wie Gott nach ihm greift, ihn bewahrt oder ihm wehrt. Er kann dann Geschehenes und Geschehendes erfahren als Wunder Gottes, die er getan hat und als Urteile seines Mundes. Und er kann dann auch singen, vielleicht einstimmen in ein Lied aus dem Evangelischen Gesangbuch:

„*Nun danket alle Gott mit Herzen, Mund und Händen,*
der große Dinge tut an uns und allen Enden,
der uns von Mutterleib und Kindesbeinen an
unzählig viel zu gut bis hierher hat getan." *(EG 321)*

8. 5. 2009

Glück- und Segenswünsche

Gott sei mit dir

Herzliche Glück- und Segenswünsche möchte ich Ihnen mitgeben für diesen Tag. Dieser hier stammt aus Irland:
„Gott sei mit dir beim Anbruch des Morgens, dass du gespannt und erwartungsvoll dem entgegenblickst, was dir dieser Tag abverlangt und was er dir schenken will.
Gott sei mit dir in allem, was du tust, dass deine Arbeit fruchtbar sei und durch dein Wirken hindurch etwas spürbar wird von Gottes Frieden und Liebe.
Gott sei mit dir in den Stunden deiner Muße, dass du Ruhe und Frieden findest in dir selbst und dir neue Kräfte zuwachsen für dein Tun.
Gott sei mit dir, wenn die Nacht anbricht, dass du dankbar zurückschauen kannst auf die Last und die Lust des vergangenen Tages und gewiss sein kannst, dass nichts vergeblich war."
Segen bekommen wir üblicherweise an Wendepunkten des Lebens zugesprochen: Zu Beginn eines neuen Lebensjahres, aber auch bei der Taufe, bei der Konfirmation, bei der Hochzeit, bei Jubiläen. Bei Einschnitten, die Lebensabschnitte markieren.
Abraham, dem Stammvater der Glaubenden, wurde zuerst der Segen zugesprochen: *„Ich will dich segnen"*, hieß Gottes Zusage für ihn. Dieses Wort

stand am Beginn eines neuen Weges. Mit 75 Jahren verließ er seine Heimat, um noch einmal neu anzufangen an einem fremden Ort. Er musste aufbrechen zu neuen Ufern. Jeder Aufbruch ist mit einem Abbruch verbunden, denn Liebgewonnenes bleibt zurück. Neue Schritte sind nicht ohne Schnitte zu vollziehen. Und Schnitte tun weh. Das wusste Abraham. Aber er wusste auch, dass Gott mit ihm unterwegs ist. Dass er nicht allein ist. Dass Gott ihn begleitet. *„Ich will dich segnen."* Segnen meint: Gott wendet sich uns zu. Das gibt mir gute Rückendekkung im Leben.

So kann man getrost die nächsten und übernächsten Schritte gehen. Segen – das ist Gottes Geleit und Hilfe auf unseren Wegen. Die Zusage Gottes an Abraham ging weiter: *„Du sollst ein Segen sein."* Gottes Segen will Kreise ziehen. Wir sollen anderen zum Segen werden. Mal durch die Art, wie wir jemandem helfen, sich zu entfalten. Mal durch einen Anruf oder einen Gruß. Mal durch ein gutes Wort oder ein offenes Ohr. Wie heißt es in dem Segenswort?

„Gott sei mit dir, dass du gespannt und erwartungsvoll dem entgegenblickst, was dir dieser Tag abverlangt und was er dir schenken will." *30. 8. 2007*

Unser Herr kommt

„Frohe Weihnachten und alles Gute fürs neue Jahr." So beginnen im Dezember manche Weihnachtsgrüße. „Danke", werden Sie vielleicht gesagt haben, wenn Sie diesen Wunsch gelesen oder gehört haben. Natürlich wünschen wir uns, dass es gut wird, das neue Jahr, dass wir gesund blieben, dass es der Familie gut gehen sollte, dass der Beruf gesichert sei.
Keiner weiß, was das neue Jahr alles bringen wird. Bei manchen Menschen machen sich bohrende Gedanken breit, die massive Ängste hervorrufen: Was wird aus dem Frieden in der Welt? Welche Katastrophen haben wir im neuen Jahr zu erwarten? Welche Krisen? Wird die Regierung der Arbeitslosigkeit Herr werden? Wie werden wir selbst durch das Jahr kommen?
Manche möchten diese Fragen in den Feiertagen gern wegschieben und stattdessen feiern. Aber die Sorgen bleiben und die Probleme auch. Verdrängung ist keine Lösung, höchstens eine vorübergehende Ablenkung.
Was tun? Hat der Wunsch „Alles Gute fürs neue Jahr" vielleicht doch noch mehr zu sagen als einfach „Machs gut"?
Der frühere Bundespräsident Gustav Heinemann hat bei einem Kirchentag ein nachdenkenswertes Wort gesagt. Einmal gehört, habe ich es nicht vergessen: *„Die Herren dieser Welt gehen"*, hat er gesagt und hinzugefügt: *„Aber unser Herr kommt."*
Und er meinte damit Jesus Christus. Die Adenauers,

Nixons, die Breschnews, Churchills und Mitterands sind gegangen. Und die, die heute herrschen, gehen auch. Es gehen auch die, die uns das Leben schwer machen, die Mobbingtäter, die brutalen Verhandlungspartner. Sie richten Schreckliches an, aber sie bleiben nicht.

Aber, und das ist nun das Wichtige: „Unser Herr kommt!“ Jesus Christus kommt wieder und bringt Gottes Reich. Da gibt es keine Tränen mehr, keine Diktatoren und Kriegstreiber. Es gibt keinen Tod mehr, nur prallvolles Leben.

Wer daran glaubt, lebt heute schon anders. Der lebt gelassener. Es kann ihn nicht mehr alles runterziehen. Da gibt es eben noch etwas anderes am Horizont, ein Licht hinter dem Dunkel. Sorgen bleiben und kommen auch wieder, aber sie haben eine andere Qualität. Sie verlieren ihre letzte Autorität. Das gibt Entlastung im Blick auf die Herren dieser Welt. Ja, es gibt sogar Widerstandskraft: Wir werden immuner im Blick auf letzte Ansprüche weltlicher Machthaber. So hat die Bekennende Kirche im Jahr 1934 mutig formuliert: *„Jesus Christus, wie er uns in der Heiligen Schrift bezeugt wird, ist das eine Wort Gottes, das wir hören, dem wir im Leben und Sterben zu vertrauen und zu gehorchen haben.“*

Woher hatten die Leute, die damals, 1934, so sprechen konnten, den Mut? Woher nahmen sie ihre Zivilcourage? Sie haben eben nicht nur aus der Hoffnung auf ein besseres Jenseits gelebt. Sie wussten, dass Gott mit ihnen geht, für sie da ist und regiert, und zwar jeden Tag.

Dietrich Bonhoeffer, Theologe zur Zeit des Dritten Reiches, bekannte sich auch angesichts des bevorstehenden Todes durch die Hitlerdiktatur weiterhin zu Gott. Zwischen Weihnachten und Silvester 1944 hat er ein Lied gedichtet, das seine Hoffnung beschreibt. Zwei Verse daraus lauten:

„Von guten Mächten treu und still umgeben, behütet und getröstet wunderbar, so will ich diese Tage mit euch leben und mit euch gehen in ein neues Jahr.

Von guten Mächten wunderbar geborgen, erwarten wir getrost, was kommen mag. Gott ist mit uns am Abend und am Morgen und ganz gewiss an jedem neuen Tag." *22. 12. 1999*

In Gott geborgen

Ich erinnere mich gut an einen bestimmten Gottesdienst. Gute Wünsche standen im Mittelpunkt der Predigt. Was meinen wir, wenn wir jemandem „Gottes Segen" wünschen, „alles Gute", „viel Erfolg und Ansehen" oder „vor allem Gesundheit?"

Ein paar Tage später hatte ich Geburtstag. Was wünscht man nun einer Pfarrerin zum Geburtstag, die ein paar Tage vorher in der Predigt gesagt hat, dass Gesundheit eben nicht die Hauptsache ist? Eine Gratulantin fand eine interessante Lösung. Sie gab mir die Hand und sagte: „Ich wünsche Ihnen Gottes Segen, aber doch auch noch Gesundheit." Ich habe den Wunsch gern entgegengenommen.

Seitdem höre ich noch aufmerksamer zu, was Menschen einander zum Geburtstag wünschen. Und ich lese meine eigene Geburtstagspost gespannt. Was wünscht man mir wohl außer Gesundheit noch?
Zum Glück ist nicht jede Krankheit eine Katastrophe. Vor allem ist sie ein Angebot. Ein Angebot, innezuhalten auf dem Weg. Die Grundlagen des Lebens zu hinterfragen und zu überprüfen. Die Beziehungen. Die Ziele und die Perspektiven. Und den Glauben.
Vieles hat sich eingeschliffen. Vieles ist selbstverständlich geworden. Krankheit kann eine Chance sein, neu nachzudenken.
Bei Begegnungen mit älteren Menschen fällt auf, dass sich viele Gespräche um die Gesundheit und das körperliche Wohlergehen drehen. Manchmal frage ich, ob nicht Zufriedenheit das Wichtigste ist. Ob man nicht vor allem ein festes Herz braucht, wenn die Knie wankend geworden sind. Ob nicht gute Freunde oder Freude vielleicht ein guter Geburtstagswunsch für einen älteren Menschen sind.
Natürlich ist es lieblos, einem schwerkranken Menschen zu sagen, es würde Wichtigeres als Gesundheit geben. In seinem Denken kreist alles um die Frage, ob er wieder gesund wird. In dieser Situation kann ich nur sagen: Was auch geschieht, niemand fällt aus Gottes Hand. In ihm sind Gesunde und Kranke geborgen. Nicht einmal der Tod kann uns aus dieser Hand reißen.
Das ist die Botschaft für Grenzsituationen des Lebens. Aber sonst – müssen wir da nicht freundlich

und konsequent behaupten, dass Gesundheit *nicht* die Hauptsache ist? Beispiele, die das belegen, erleben wir täglich.
Eine ältere Dame, die seit mehreren Jahren beinamputiert ist, erklärt mir bei jedem Besuch freundlich lächelnd, es ginge ihr gut. Natürlich könne sie nicht gehen, aber es fände sich immer jemand, der den Rollstuhl schiebt. Sicher sei sie nicht immer schmerzfrei, aber die Pflegerinnen seien so freundlich und die Familie zuverlässig beim Besuchen, dass sie rundum zufrieden sei. Sie hat gelernt, mit ihrer Krankheit zu leben.
Eine andere – viel jüngere – Frau hat Erfolg im Beruf, besitzt eine schöne Wohnung, ist kerngesund. Äußerlich ist alles in bester Ordnung. Aber trotzdem ist sie unzufrieden.
Natürlich: Niemand will krank sein. Ich will die Krankheit nicht schönreden. Aber mancher hat im Nachhinein gesagt: Ich möchte diese Erfahrung nicht missen. Ich habe mich selbst neu wahrgenommen, andere Menschen und auch Gott.
Gesundheit ist kein Zeichen der besonderen Nähe Gottes – und Krankheit ist kein Zeichen der Abwesenheit Gottes. Ich bin dankbar für meine Gesundheit, aber ich bitte Gott darum, dass sie nie zur Hauptsache in meinem Leben wird, sondern immer der, dem ich sie verdanke. *5. 7. 2000*

Aus dir wird was

Vor kurzem habe ich Geburtstag gefeiert. Freunde und Bekannte schickten gute Wünsche oder gratulierten mir persönlich mit den Worten: „Herzlichen Glückwunsch zum Geburtstag und Gottes Segen fürs neue Lebensjahr." Einen Segenswunsch bekam ich durchs Telefon gesungen: „Viel Glück und viel Segen auf all deinen Wegen, Gesundheit und Freude sei auch mit dabei." Ein anderer schickte mir eine Karte mit einem alten irischen Segensgebet:

„Gott sei vor dir, um dir den rechten Weg zu zeigen. Gott sei neben dir, um dich in die Arme zu schließen und dich zu schützen gegen Gefahren. Gott sei hinter dir, um dich aufzufangen, wenn du fällst. Gott sei in dir, um dich zu trösten, wenn du traurig bist. Gott sei um dich herum, um dich zu verteidigen, wenn andere über dich herfallen. Gott sei über dir, um dich zu segnen. So segne dich Gott, heute, morgen und allezeit."

Der Segen Gottes wird uns an Wendepunkten des Lebens zugesprochen. Zu Beginn eines neuen Lebensjahres, zu einem besonderen Jubiläum, bei der Taufe, der Konfirmation, der Hochzeit. Einschnitte, die Etappen des Lebens markieren.

Segnen meint, sichtbar werden lassen: Gott geht mit. Sein Einverständnis begleitet uns. Er ist da. Mit seiner lebensspendenden und heilsamen Wirklichkeit. Segen heißt: Gott mit uns. Geborgenheit in jeder Lebenslage. Gottes Segen will Kreise ziehen. Gott möchte, dass wir anderen zum Segen zu wer-

den. Einem Menschen Gottes Segen zusprechen und dann seinem Leben gleichgültig gegenüber stehen, ist undenkbar.
An meinem Geburtstag kamen Freunde und ich ins Erzählen. Wir sprachen über Menschen, die in den zurückliegenden Jahren gute Wegbegleiter waren. Sie waren uns zum Segen geworden. Einer erzählte von seinem Klassenlehrer. Der hatte zu ihm gestanden, als er mit sechzehn nicht ganz einfach war. „Aus dir wird was“, hatte er immer wieder gesagt. Und dann mit dafür gesorgt, dass er nicht abstürzte. Mir fallen ältere Freunde ein, die mich durch ihr Leben beeindruckt haben. Reden und Handeln stimmen bei ihnen überein. Sie haben mich vor vielen Jahren in meinem Entschluss bestärkt, Pfarrerin zu werden. Und als ich zwischendurch aufgeben wollte, haben sie mich ermutigt, weiterzumachen.
Wer ist Ihnen zum Segen geworden? Sicher fallen Ihnen Menschen ein, die Spuren in Ihrem Leben hinterlassen haben. Gut, dass wir einander zum Segen werden können – manchmal auch durch die Art, wie wir jemandem Mut machen, sich zu entfalten. Manchmal durch ein gutes Wort. Manchmal durch einen unerwarteten Anruf oder durch einen Kartengruß. Es ist wichtig, dass wir anderen unseren Segen geben. Es spiegelt ein wenig davon wider, was Menschen seit Jahrtausenden vom Segen Gottes erwartet haben: Hilfe, Bewahrung, Ermutigung. Wer um Gottes Segen bittet, gesteht sich ein: Ich bringe es nicht aus mir allein. Und ich muss es auch nicht. Gottes Kraft soll in meinem Leben aufleuch-

ten und mich begleiten. Wie heißt es im irischen Segenwunsch?

„Gott sei vor dir, um dir den rechten Weg zu zeigen." Gut, dass ich das hören kann, wenn ich nicht genau weiß, wie es weitergehen soll. Gut zu wissen, dass Gott nahe ist. „Gott sei in dir, um dich zu trösten, wenn du traurig bist." Aber es ist vor allem ein Segen, der Mut macht zum Leben: „Gott sei über dir, um dich zu segnen. So segne dich Gott, heute, morgen und allezeit." 6. 8. 2002

Gutes Reden bringt Segen

Wissen Sie schon das Neueste?

„Haben Sie schon gehört?" – so beginnt manches Telefongespräch, ein zufälliges Treffen beim Einkauf oder der montägliche Tratsch im Büro. Nach dieser Einleitung kann man sicher sein: Alle Ohren werden erwartungsvoll gespitzt. Um die hochgeschraubten Erwartungen zu erfüllen, wird die Geschichte schnell noch mit eigenen Vermutungen angereichert. Schon hat man eine tolle Story wie im besten Boulevardblatt präsentiert.
Nur: Keiner kann mehr zwischen der ursprünglichen Tatsache und der persönlichen Ansicht unterscheiden. Ein Bericht ist zum Gerücht geworden.
Viele Menschen halten es außerdem für besonders wirkungsvoll, ihre Kritik an Menschen und ihren Ansichten mit ironischen Elementen zu unterstreichen. Damit setzen sie mehr als nur einen darstellerischen Akzent. Wir verfälschen das Gesamtbild einer Person, wenn wir gezielt übertreiben oder einseitig bestimmte Wesenszüge hervorheben. So verhindern wir eine ausgewogene Meinungsbildung. Menschen werden etikettiert, die danach ihren Ruf kaum mehr loswerden. Denn „Verleumdungen verschlingt man wie Leckerbissen und behält sie für immer im Gedächtnis." So kann man es schon in der Bibel nachlesen.

Ich bin mir sicher: Sie wissen noch heute, welcher Ihrer Mitschüler am meisten gehänselt wurde.
Wenn wir so miteinander umgehen, wirkt das wie ein schleichendes Gift auf unseren Umgangston und auf unser Urteilsvermögen. Fällt man in der Familie oder im Kollegenteam nicht gleich auf, wenn man über solche Menschen Gutes redet? Schwebt nicht sofort der Vorwurf im Raum, man sei parteiisch?
Es erfordert viel Selbstbewusstsein und Mut, gegen den Strom zu schwimmen. Eine geschickte Wortwahl ermöglicht kaum merkbare Verschleierungen und Maskeraden.
Da wird aus einem Steuerbetrug eine pfiffig gemachte Abrechnung, aus einem Verlust der Firma ein Ausgabenüberschuss oder aus einem Ehebruch ein Seitensprung oder gar nur ein amouröses Abenteuer. Mit ein wenig verbaler Akrobatik werden klare Aussagen vernebelt.
„Du sollst nicht falsch Zeugnis reden wider deinen Nächsten“, heißt es in einem biblischen Gebot. Ist das nicht unrealistisch? Wie soll ich vor jedem Reden überprüfen, ob ich vollständig informiert bin? Kann ich immer eine sichere Abgrenzung zwischen Akzentuierung oder Übertreibung ziehen? Ist also nicht jeder, der behauptet, das Gebot zu erfüllen, ein Lügner? Gott stellt diese Frage nicht. Seine Formulierung *„Du sollst!“* appelliert an unseren Willen.
Unsere Erkenntnis soll sich unabhängig von Sympathie und Antipathie entwickeln. Denn erst durch den Willen zu einer falschen Aussage unterscheidet sich

die bewusste Lüge von einem Irrtum. Vom jüdischen König Salomo, dessen ausgewogene und weise Richtersprüche als salomonische Urteile in die Geschichte eingingen, ist folgender Ratschlag bekannt:
„Mehr als alles andere achte auf deine Gedanken, denn sie bestimmen dein Leben. Lass deinen Mund keine Unwahrheiten aussprechen; keine Verleumdung oder Täuschung soll über deine Lippen kommen. Sorge dafür, dass du jedem frei und offen ins Auge blicken kannst! Überlege genau, was du tun willst, und dann tue es entschlossen! Lass dich von der richtigen Entscheidung nicht abbringen, damit deine Füße nicht auf Abwege geraten!"

4. 3. 1999

Entschuldige bitte

Ein dumpfer Schlag, Klirren von zerbrochenem Glas – ein verzweifelter Aufschrei. Ich laufe ins Wohnzimmer. Die wunderschöne Vase liegt zerbrochen am Boden. Mein Patenkind steht erschrocken mit seinem Ball vor den Scherben. „Mit Duplosteinen und Bällen darfst du überall werfen, nur nicht hier", hatte ich hundertmal gesagt. Und nun dies? Erst will ich vor Ärger platzen, doch dann zerplatzt meine Wut wie eine Seifenblase.
„Es tut mir leid, das hatte ich nicht gewollt! Entschuldige bitte!" Ich spüre, dass es mein Patenkind ehrlich meint, und das ist mir letztlich viel wichtiger als die Scherben einer schönen Vase.

Gottlob – gegenüber den meisten anderen Brüchen sind Glasscherben harmlos. Wir sprechen von zerbrochenen Beziehungen, abgebrochenen Freundschaften, gebrochenen Herzen. Das ist leider kein Wortspiel, sondern bittere Realität.

„Sorry“ und „Pardon“ kommt noch leicht über die Lippen, wenn man beispielsweise jemand im Gedränge im Bus auf die Füße tritt. Aber was ist, wenn es sich um mehr handelt, als um einen kleinen Ausrutscher mit dem Pfennigabsatz?

„Entschuldige bitte!“ Diese zwei Worte können unendlich schwer fallen. Nötig haben sie jedoch beide Seiten – die, die Schuld tragen, und die, die Schuld erleiden mussten.

Warum fällt der Gang zum andern so schwer? Warum steckt das Wort, das gesprochen werden müsste, oft wie ein Kloß im Hals? Warum gibt es tausend Ausreden? Warum wird Schuld nicht zugegeben? Natürlich gibt es Leichteres: Den andern die Schuld in die Schuhe zu schieben. Sündenböcke sind stets die andern. Da sagt der Mann zu seiner Frau: „Dein emanzipatorisches Gehabe passt mir nicht!“ Und die Frau lässt ihren Mann wissen: „Dein autoritäres Verhalten hält keiner aus!“ Und beide fallen dann über die Undankbarkeit der Kinder her. Ein familiärer Beziehungs-K.O. wie aus dem Lehrbuch – täglich neu ausprobiert. Mit dem Finger stets auf die anderen zu zeigen, die doch den ersten Schritt tun müssten, bringt aber nichts. So kommt kein Tauwetter in die Eiszeit der Herzen.

Im Vaterunser beten wir: *„Vergib uns unsere Schuld,*

wie auch wir vergeben unseren Schuldigern." Eine äußerst praktische Bitte. Eine Bitte mit spürbaren Auswirkungen. Vergebung will getan werden. Nicht nur gedacht und gefühlt: „Eigentlich müsste man doch ..." Der erste Schritt muss gewagt werden, ernsthaft und ehrlich. Vergebung ist mehr als nur so vergessen und gleichgültig über Vergangenes hinwegsehen, mehr als einfach zu sagen „Schwamm drüber." In der Vergebung siegt die Liebe über das Böse, den Hass und die Vergeltung. Der unselige Kreislauf des „Wie du mir, so ich dir" wird unterbrochen.

Ein Lied von Jürgen Werth[5] drückt das so aus:
„Wie ein Fest nach langer Trauer, wie ein Feuer in der Nacht, ein offnes Tor in einer Mauer für die Sonne aufgemacht. Wie ein Brief nach langem Schweigen, wie ein unverhoffter Gruß, wie ein Blatt an toten Zweigen, ein ‚Ich-mag-dich-trotzdem-Kuss'. So ist Versöhnung. So muss der wahre Friede sein. So ist Versöhnung. So ist Vergeben und Verzeihn."

6. 3. 1999

Kritik als Prise – den Löffel voll Lob

„Nicht getadelt, ist genug gelobt!" Kennen Sie diesen Satz auch? Ich habe ihn zum ersten Mal von einem Freund aus Schwaben gehört. „Wir loben eben

[5] Jürgen Werth, *Wie ein Fest nach langer Trauer,* Hänssler-Verlag, Holzgerlingen

kärglich", fügte er hinzu. Mir scheint das allerdings keine schwäbische Spezialität zu sein, eher gängige Praxis allerorten. Dabei hängen loben und leben so eng zusammen.

„Das hast du gut gemacht" – ein Satz, der gut tut, besonders dann, wenn man sich wirklich angestrengt hat. Die Mühe war nicht vergebens. Im Gegenteil: Ein Lob spornt an, motiviert, es noch einmal zu versuchen, auch wenn´s beim ersten Mal nicht so gut geklappt hat. Und manchmal wächst man dabei über sich selbst hinaus.

Kleine Kinder sind gute Lehrmeister. „Mama, Papa, schaut mal, was ich schon kann!" Einen Purzelbaum schlagen oder Dreirad fahren, auf dem Baumstamm balancieren. Kinder fordern das Lob ihrer Eltern meist ungeniert heraus. Und das ist auch richtig so. Denn nur ein Kind, das oft gelobt wurde, kann ein gesundes Selbstwertgefühl entwickeln. Das einzelne Lob bezieht sich vielleicht darauf, dass es nun schon allein die Schuhe zubinden kann oder dass es der Oma ein schönes Bild gemalt hat. Das Lob zielt aber letztlich immer auf die ganze Person. Du bist in Ordnung. Du bist wertvoll.

Wenn ich jemanden loben will, muss ich aufmerksam sein, hinschauen, hinhören. Vieles, was zu loben ist, fällt mir nicht auf den ersten Blick auf. Manchmal nehme ich eher die störenden, negativen Seiten wahr, während das Gute selbstverständlich ist. Ein wenig ist das wie beim Radfahren. Den Gegenwind spüre ich sofort, den Rückenwind nehme ich meist nicht bewusst wahr.

Ich glaube, es hängt von meiner Einstellung ab, ob ich loben kann oder nicht. Ob ich mich in den andern hineinversetzen kann. Ob ich seine Situation ebenso ernst nehme wie meine eigene und ob ich letztlich dem Guten mehr zutraue als dem Widerwärtigen und Bösen.
Solch eine innere Einstellung kann eine Atmosphäre schaffen, in der das Gute und das Wohlwollen füreinander Raum gewinnen.
Ich kann Gott bitten, mir offene Augen für die Menschen zu geben, denen ich heute begegne.
„Nicht getadelt ist genug gelobt!“ Ein bitterer Satz, ein falscher Satz. Wie sähe es wohl unter uns aus, wenn wir nach dem Rezept handelten: *„Nimm eine Prise voll Kritik und einen Suppenlöffel voll Lob?“*

17. 3. 2006

Reden, was Bestand hat

In einem Kirchenlied von Johann Heermann, heißt es:
„Hilf, dass ich rede stets, womit ich kann bestehen; lass kein unnützlich Wort aus meinem Munde gehen; und wenn in meinem Amt ich reden soll und muss, so gib den Worten Kraft und Nachdruck ohn Verdruss.“
Diese Worte sind ein Gebet. Es kann den Blick öffnen für alle Begegnungen, die der Tag mit sich bringt. Für mich, die ich anderen begegne und für die anderen, die mir begegnen. Es kann befähigen

zu reden, was gut tut. Was aufbaut. Was hilft und motiviert.
Wenn ich Frau B. auf der Straße treffe, kann ich fast die Uhr danach stellen. Nach kurzer Zeit erzählt sie von ihrem ach so begabten und erfolgreichen Sohn. Von seiner überdurchschnittlichen Begabung. Von seiner Leistungsbereitschaft. Von seiner Beförderung, die wieder einmal schneller kam, als erwartet. Davon, wie beliebt er bei den Kollegen und bei den Vorgesetzten ist. Von seinen vielen Überstunden. Längst kenne ich auch jeden Quadratmeter seines Hauses in- und auswendig. Längst weiß ich, dass er die beste aller Ehefrauen hat und die süßesten Kinder dazu. Längst habe ich gedanklich Platz genommen in seinem wunderschönen neuen großen Auto. Frau B. und ihr erfolgreicher Sohn!
Wenn ich Herrn M. auf der Straße treffe, kommt er meistens vom Arzt. Und zum hundertsten Mal zählt er ausführlich alle seine Beschwerden auf. Dass kein Medikament richtig hilft. Dass er von einem Arzt zum nächsten geht und keiner wirklich weiterweiß. Mal hat er dieses Leiden, mal jenes. Gegen die Beschwerden von Herrn M. ist einfach kein Kraut gewachsen. Herr M. und seine Krankheiten!
„Hilf, dass ich rede stets, womit ich kann bestehen; lass kein unnützlich Wort aus meinem Munde gehen; und wenn in meinem Amt ich reden soll und muss, so gib den Worten Kraft und Nachdruck ohn Verdruss."
Wovon reden wir den lieben langen Tag? Von dem, worum unsere Gedanken und Gefühle kreisen? Von

dem, was uns schon lange beschäftigt? Was uns wichtiger ist als alles andere? Wovon reden wir den lieben langen Tag? Von unseren Familiengeschichten und von unseren Krankheiten? Von unseren Sehnsüchten und unseren Wünschen? Von unseren Erfolgen und von unseren offenen Fragen? Nichts dagegen, das darf auch sein. Manchmal muss man einfach mal alles aussprechen. Das tut gut. Aber Reden ist mehr als mitgeteiltes Selbstgespräch. Es zielt auf Antwort. Es nimmt den Gesprächspartner in den Blick. Wie geht es ihm? Was beschäftigt ihn? Braucht er Zuspruch? Ein aufmunterndes Wort? Oder vielleicht nur einen dankbaren Zuhörer? Jemanden, der sich in seine besondere Situation einfühlt und mitleidet? Dann kann es gelingen, dem Rat des Apostels Paulus zu folgen: *„Eure Rede sei allezeit freundlich und mit Salz gewürzt, dass ihr wisst, wie ihr einem jeden antworten könnt.“* (Kol. 4, 6)

14. 2. 2008

Vergeben ist vergeben

Die Chance, neu anzufangen

„Haben Sie schon gehört? Halten Sie das für möglich? Nein, so was. Das hätte ich nie gedacht. Wie konnte es nur so weit kommen? Aber so musste es ja wohl kommen. Ihr habe ich ja nie über den Weg getraut. Und dann erst dieser Mann. Wie konnte sie nur an den geraten?“

Alltäglicher Tratsch im Treppenhaus. Die Regenbogenpresse berichtet über Prinzessin X und Playboy Y. Wir reden über den Nachbarn A und Frau B. Fühlt man sich nicht irgendwie besser, wenn man über andere reden kann? Es war wohl schon immer so.

Die Bibel erzählt von einer Frau, die zum Gegenstand allgemeinen Geredes geworden ist. Alle zeigen mit dem Finger auf sie, wissen genau, was richtig, was falsch ist. Das Urteil ist schnell gefällt. Schuldig, die Ehebrecherin. Wer es mit einem andern als dem eigenen Mann getrieben hat, gehört gesteinigt. Punktum. Für die Frau sieht es nicht gut aus. Keinen interessiert ihre Geschichte, niemand fragt nach ihrer Person oder nach ihren Gründen, aber alle mischen sich ein. Dann zerren sie diese Frau zu Jesus – soll er doch mal sagen, was er davon hält. Es bildet sich ein Kreis um Jesus und die Frau. Alles drängt sich. Es wird still – Spannung

liegt in der Luft. Gierige, verachtende Blicke, aufgewühlte Herzen, geballte Fäuste mit Steinen.
„Na, Jesus, was hältst du davon? Das ist doch wirklich schlimm, was sie gemacht hat, oder? Hör dir das mal an, wir können dir das in allen Einzelheiten erzählen. Und wir kennen die Gesetze ganz genau So was kann man doch nicht ungestraft lassen. Sag schon!"
Doch Jesus sagt gar nichts. Er sitzt nur da. Die Meute lässt nicht locker. Sie bohrt weiter und will es wissen. Endlich spricht Jesus. Er sagt: „Doch, steinigt sie. Aber den ersten Stein soll der werfen, der selbst ohne Schuld ist." Schweigen. Langsam sinken die Fäuste mit den Steinen, und einer nach dem andern geht weg. Jesus ist mit der Frau allein. Und erst jetzt, wo alle Ankläger verschwunden sind, spricht Jesus mit ihr. Unter vier Augen. Jesus weiß, dass ihre Geschichte in das Intimste reicht, was zu einem Menschen gehört. Er weiß um die Verletzlichkeit der Menschen an dieser Stelle. Wo schonungslos aufgedeckt wird, können alle hineinsehen und drauf schlagen. Jeglicher Schutz fehlt. Darum sucht Jesus die persönliche Begegnung unter vier Augen. Solche Gespräche gehen keinen andern Menschen etwas an.
Jesus spricht mit der Frau über ihre Vergangenheit. Er sieht ihre Angst, ihre Verletzungen. Er zeigt weder mit dem Finger auf sie, noch macht er offene oder versteckte Vorwürfe. Es gibt keine Moralpredigt. Jesus verurteilt sie nicht, sondern vergibt ihre Schuld. Die Frau kann aufatmen. Sie bekommt die

Chance, neu anzufangen. Und sie spürt: Jesus geht es darum, dass ihr Leben in Ordnung kommt, dass es gelingt. Die Begegnung endet mit einem Zuspruch: Dir ist vergeben, was dir leid tut. Du sollst leben. Du kannst und darfst weiterleben!
Dem Zuspruch folgt jedoch der Anspruch: Geh, aber ändere dein Leben!
Haben Sie das schon einmal gehört? Halten Sie das für möglich? Einem Menschen wurde vergeben. Ein Neuanfang geschenkt. Ein Mensch ist von der schiefen Bahn auf den richtigen Weg gekommen.
Was wäre das für ein Gespräch im Treppenhaus und was für eine Meldung in der Zeitung!

28. 5. 2001

Der Streitstein

„Jetzt reicht´s aber! Du hast doch die Tasche auf das Autodach gelegt!" „Und wer ist ohne zu schauen losgefahren?" „War das vielleicht meine Tasche?" „Unsere Schlüssel muss ich immer in meiner Tasche mitnehmen. Du kümmerst dich ja um nichts. Nur das Auto hast du im Kopf. Nicht mal fahren lässt du mich!"
Gegenseitige Vorwürfe fliegen wie Pfeile durch die Luft. Oder wie schwere Steine. Je nachdem. Die Sache eskaliert. Der Stein des Anstoßes aber gerät mehr und mehr aus dem Blick. Wer kennt solche Szenen nicht? Die Anlässe sind verschieden. Die Streitrituale ähneln sich. Schuldzuweisungen und

gegenseitige Verurteilungen. Der Fehler wird zuerst beim anderen gesucht. Der Finger wird ausgestreckt: Du hast Schuld. Der andere wird auf seine natürlich altbekannten Verhaltensmuster und Persönlichkeitszüge reduziert. Die Schablone „nie ich“ – immer du“ lässt dem Gegenüber keine Chance. Der andere ist erledigt. Die Möglichkeit der Versöhnung auch.

Dass ein Streit nicht immer aussichtslos und verletzend verlaufen muss, habe ich vor einiger Zeit erlebt. Ich besuchte eine Familie. Wir kamen ins Erzählen und auf die Kunst des Streitens. Natürlich gerieten sich die Kinder gelegentlich in die Haare. Die Eheleute auch. Alles wie überall. Eins aber war anders. Sie wussten: Am Ende muss die Versöhnung stehen. Das hatten sie sozusagen in Stein gehauen. Auf dem Fensterbrett in der Küche lag ein Stein. Sie hatten ihn aus dem Urlaub an der See mitgebracht. Schön rund war er. Leicht war er nicht. „Unser Streitstein“, lachten die Eheleute. Den Begriff kannte ich nicht. „Nehmen Sie ihn in die Hand und drehen Sie ihn um“, forderten sie mich auf. „Das hat bei uns schon oft zur Versöhnung beigetragen.“ Mit dickem schwarzen Filzstift geschrieben stand auf der Unterseite des Steins ein Satz aus der Bibel: *„Wer von euch ohne Sünde ist, werfe als Erster einen Stein auf sie.“*

Es ist ein Satz Jesu. Die Szene, in der er fällt, ist dramatisch. Leute, die über das Recht wachen, haben eine Frau beim Ehebruch ertappt. Die Sach- und Rechtslage ist eindeutig. Die Strafe nach damaligem

Recht grausam und eindeutig: Tod durch Steinigung. „Nicht wahr, Jesus“, sagen die Leute, „das ist doch ein klarer Fall. Machen wir kurzen Prozess!“ Und Jesus? Er antwortet ganz anders als erwartet und völlig überraschend: „*Wer von euch ohne Sünde ist, werfe als Erster einen Stein auf sie.*“
Die Ankläger werden mit sich selbst konfrontiert, mit ihrem eigenen Versagen, ihrer eigenen Schuld. Verblüfft lassen sie sich das Wort gefallen. Dann lassen sie den Stein fallen und gehen.
Wie schnell heben wir unsere Steine auf: Vorurteile, Vorwürfe, Hassgedanken – und werfen sie dann auch. Wir sind im Recht. „Denkst du“, sagt Jesus. „Das ist unser Streitstein“, sagten die Eheleute, „vor dem Werfen zuerst umdrehen. Das gibt die Chance zur Versöhnung.“ *8. 8. 2002*

Zudecken ist nicht aufräumen

Bei dir sieht es aus wie bei Hempels unterm Sofa! Der Tonfall genügte. Bei diesem Unterton wusste ich: Jetzt komme ich nicht eher weg, bis nichts mehr an diese Hempels erinnert, die ich übrigens nie kennengelernt habe. Sie haben sich jedoch, mit ihrer Vorliebe für Gerümpel im Haushalt, meiner Mutter sprichwörtlich eingeprägt.
Aufräumaktionen kosten Zeit. Mehr, als mir als Kind lieb war. Aber ich wusste mir zu helfen. Also habe ich mit einigen Handgriffen alle herumliegenden Sachen zusammengepackt. Fertig. Außer eini-

gen verräterischen Beulen unter der Bettdecke sah alles gut aus. Mutters Stirn – untrüglicher Stimmungsanzeiger – würde sich auch glätten bei diesem Anblick. Zu schade, dass sie den Trick durchschaute. Kurz und knapp sagte sie: Zudecken ist nicht Aufräumen!

Warum ich mich Jahre später an diese Geschichte aus meiner Kindheit erinnere? In anderen Lebenssituationen wiederholte sich dieser vergebliche Versuch: Krempel drunter, Decke drüber. Plattklopfen. Glattstreichen. Alles in Ordnung. Wie es darunter aussieht, das lassen nur die sanften Beulen ahnen. Warum nur lässt sich so schwer begreifen, dass durch einfaches Zudecken und Glattstreichen gar nichts in Ordnung ist? Warum lernen wir so wenig aus der Erfahrung, dass dieses Vorgehen nicht nur vergeblich, sondern auch sehr mühsam ist? Wir wissen: Ständiges Versteckenspielen, immer neu darauf achten müssen, dass etwas ja nicht an den Tag kommt, ist eine Strapaze. Eine Lüge glätten zu wollen, kostet viele andere Lügengeschichten – und bedeutet ein Sitzen auf heißen Kohlen, wenn es brenzlig wird. Lange den Mund zu halten über das, was doch endlich raus will, sorgt mitunter für seelische Beulen, die schmerzhaft sind. Die Seele kriegt keine Luft mehr. Wir wissen das. Es gelingt uns, anderen Menschen für kurze oder längere Zeit unsere glatte Oberfläche zu zeigen. Wie es wirklich in uns aussieht, verschweigen wir.

In der Bibel lese ich: *„Kein Geschöpf ist vor Gott verborgen, sondern es liegt alles aufgedeckt vor den*

Augen Gottes" (Hebräer 4, 13a). Ein Wort, das mir gefällt. Erinnert es mich doch daran, dass ich ehrlich vor Gott sein kann. Ich muss nicht Verstecken spielen. Gott kennt meine Stärken und meine Schwächen und die Beulen. Er ist barmherzig. Das ermutigt mich, an bestimmten Stellen im Leben mit dem Aufräumen zu beginnen. Niemand muss alles auf einmal tun. Das überfordert. Und Gott weiß das und gibt mich trotzdem nicht auf. *14. 3. 2006*

Vergeben ist vergeben

Menschen mit zwielichtiger Vergangenheit werden Zukunft und Hoffnung geschenkt. Das ist die Pointe vieler biblischer Geschichten. Lebenswenden, wo niemand sie vermutet, wo Hopfen und Malz verloren ist. Jedenfalls nach landläufiger Meinung.

Da hat der ehrbare Bürger Simon Jesus von Nazareth zu einem Gedankenaustausch in sein Haus gebeten. Mit anschließendem Abendessen. Alles höchst stilvoll. Und dann ein unerwarteter, unerhörter, fast peinlich zu nennender Zwischenfall. Irgendwie hat sich eine Frau Zutritt zu der illustren Runde verschafft. Niemand hat sie eingeladen. Niemand wäre überhaupt auf die Idee gekommen, sie einzuladen. Selbstverständlich auch Simon nicht. Er kannte schließlich auch ihren Lebenswandel. Und machte einen Bogen um sie. Nun aber ist sie da.

Kaum ist sie in Jesu Nähe, da laufen ihr Tränen über das Gesicht. Sie merkt gar nicht, wie peinlich

das Ganze ist, mit dem schweren Duft des teuren Öls. Mit ihren Tränen wäscht sie Jesu Füße, mit den Haaren trocknet sie sie. Und dann salbt sie sie.
Jesus lässt die Frau gewähren. Er unterbricht ihr Weinen nicht. Er hält den Ausbruch ihrer Gefühle aus. Und dieser Gefühlsausbruch ist so etwas wie ein Gebet ohne Worte.
Man weint heute nicht in der Öffentlichkeit. Man bewahrt Haltung. Dabei können Tränen uns erleichtern, wenn sie denn fließen und all das mit herausschwemmen, was sonst so fest- und verborgen gehalten wird. Aber Tränen machen auch hilflos. Wenn jemand vor uns weint, ist es schwer auszuhalten. Wenn jemand so schutzlos sein Innerstes preisgibt, möchte man etwas Tröstliches sagen. Beruhigend soll es sein – und doch eigentlich diese Situation beenden. Schnell werden heute Tränen blockiert Dabei müssen sie geweint werden, sonst werden wir steinern.
Ja, es sind wohl auch nicht nur Tränen, die fließen, weil die Frau so bedrückt ist. Es mischen sich Freudentränen hinein. Da ist einer, der sie nicht schief ansieht oder negative Absichten mit ihr hat. In seiner Nähe fügt sich zusammen, was in ihrem Leben zerbrochen ist und sie kaputt gemacht hat. Die Frau wendet sich Jesus zu, schenkt ihm ihre Liebe, das neu geschenkte Leben. Noch hat er nichts gesagt, und doch hat sie schon Vergebung erfahren: das Leben öffnet sich ihr. Gott öffnet es.
Und Simon? Ihm ist das Ganze peinlich. Eine Frau hier – und dann noch so eine. Und erst ihr Beneh-

men. Wie kann er sie am besten loswerden? Er ärgert sich, dass Jesus sich die Freundlichkeiten dieser Frau auch noch gefallen lässt. Aber er sieht nur auf die Vergangenheit dieser Frau. Er traut Gott und dieser Frau nicht zu, dass es Wandlungen gibt. Dass das Leben nicht nur in den eingefahrenen Gleisen weiterläuft.

Simon vergisst, dass er selbst einer ist, der ganz und gar verloren wäre ohne das heilende Erbarmen Gottes. Auch ihm muss vergeben werden. Hart und kalt geht es unter uns zu, wenn wir uns gut fühlen, weil wir uns vergleichen mit Leuten, deren Fehler offenkundiger sind als unsere.

„Dir sind deine Sünden vergeben“, sagt Jesus. Ein Satz, der die Gegenwart hell macht. Es ist gut, denn Gott ist dir gut. Er schreibt dich nicht ab. Du bist nicht nur festgelegt durch das, was gewesen ist. Gott, der reich ist an Erbarmen, wird dich begleiten.

6. 5. 2009

Anvertraute Zeit nutzen

Keine Zeit

„Ach du liebe Zeit“, sagt so mancher, wenn ihm ein Blick auf die Armbanduhr deutlich macht, dass die Zeit wieder einmal davonläuft. Täglich schauen wir mehrmals auf die Uhr. Der Blick auf das Zifferblatt zeigt nicht nur Zeit und Stunde an, sondern macht bewusst, dass unser Leben durch die Zeit bestimmt und befristet ist.
Hugo von Hofmannsthal schrieb einmal:
„Die Zeit ist ein sonderbares Ding; wenn man so dahinlebt, ist sie rein gar nichts. Aber dann auf einmal, da spürt man nichts als sie.“
Jeder kann das bestätigen. Oft achten wir kaum auf die Zeit. Ein anderes Mal schauen wir ständig auf die Armbanduhr. Wir zählen die Minuten: Auf dem Bahnsteig, vor einer besetzten Telefonzelle, vor einer Operation, vor einer wichtigen Besprechung.
Es gibt Jahre, in denen wir nicht merken, dass wir älter werden. Und dann gibt es Zeiten, in denen wir uns nicht mehr auf den nächsten Geburtstag freuen können.
Die meisten Güter auf unserer Welt sind ungerecht verteilt. Wenige haben sehr viel, manche einiges und viele sehr wenig. Nur *eins* haben alle Menschen gleich viel: Zeit. Für jeden hat der Tag 24 Stunden, das sind 1440 Minuten oder 86400 Sekunden.

Trotzdem hat man den Eindruck, dass wenige genug Zeit haben und die meisten Menschen viel zu wenig. Wir reden von Zeitnot und klagen über den Zeitdruck unter dem wir stehen. Wir vertreiben uns die Zeit oder schlagen sie tot. Manchmal sind wir sauer, weil uns jemand die Zeit gestohlen hat. Wir vertrödeln oder gewinnen Zeit, wir nutzen oder verlieren Zeit. Die Armbanduhr wird zum Antreiber und zum Kontrolleur der Zeit.
„Ich habe keine Zeit", so sagen wir manchmal zu Recht oder Unrecht. Wer kann es sich schon leisten zu sagen: „Ich habe Zeit!" Erwähnen wir unsere Zeitknappheit nicht sogar mit einem gewissen Stolz? Wer immer keine Zeit hat, dessen Stunden müssen wohl sehr kostbar sein und damit auch er selbst.
Wenn jemand so nachdrücklich bekennt: „Ich habe keine Zeit, ich bin so eingespannt, ohne mich geht es nicht" – dann hebt das doch das Selbstwertgefühl? Wer dagegen sagt: „Ich habe Zeit!" – wird der nicht von vielen Menschen als unnützes Glied unserer Gesellschaft gesehen? Als Schmarotzer?
Wir brauchen immer wieder Zeiten, in denen wir alles aus der Hand legen können: den Beruf und den Haushalt, Termine und Hetze, Verpflichtungen und Sorgen. Manchmal müssen wir in Ruhe aus der Distanz Dinge und Situationen betrachten und wieder zu uns selbst finden.
„First things first", sagen die Engländer. „Die ersten Dinge zuerst". Wichtiges vom Unwichtigen unterscheiden. Und bei allem den Herrn der Zeit nicht außer Acht lassen.

Eine der eindrucksvollsten Kirchturmuhren, die ich kenne, befindet sich am Turm einer alten Dorfkirche in Norddeutschland. Das Zifferblatt trägt statt der Zahlen zwölf Buchstaben. Wenn man sie nacheinander liest, ergeben sie einen Satz. Er lautet: Zeit ist Gnade. *14. 11. 1996*

Geschenkte Zeit

Im Wohnzimmer meiner Großmutter steht eine alte Standuhr. Seit Generationen gehört sie zu diesem Zimmer. Ob sie schön ist, weiß ich nicht. Ich weiß nur, dass ich mir das Wohnzimmer ohne diese Uhr nicht vorstellen kann. Groß und wuchtig ist die Standuhr, mit einem gewaltigen Pendel. Goldfarbene schwere Gewichte halten sie in Gang, lassen die schwarzen Zeiger auf dem silbern schimmernden Zifferblatt kreisen. Und sie tickt, tagaus, tagein, monoton und schwerfällig. Als mache es ihr Mühe zu laufen. Man kann es deutlich hören. Sie tickt nicht leise. Vor meinen Augen entstehen Bilder aus der Vergangenheit. Als Großmutter Großvater heiratete – hier im Wohnzimmer hat man gefeiert, gelacht und vor Freude geweint. Und im Hintergrund tickte die alte Uhr. Als Mutter geboren wurde, tickte sie ihren monotonen Takt. Das Ticken der Uhr begleitete auch Großvaters Sterben. Es war das einzige Geräusch. Alles andere war still, totenstill.

Im Takt des Uhrpendels vernehme ich die Worte jenes Predigers Salomo: „*Ein jegliches hat seine Zeit, und alles Vorhaben unter dem Himmel hat seine Stunde: Geboren werden hat seine Zeit, sterben hat seine Zeit. Pflanzen hat seine Zeit, ausreißen, was gepflanzt ist, hat seine Zeit. Weinen hat seine Zeit, lachen hat seine Zeit. Klagen hat seine Zeit, tanzen hat seine Zeit. Schweigen hat seine Zeit, reden hat seine Zeit. Lieben hat seine Zeit, streiten hat seine Zeit. Frieden hat seine Zeit.*" (Prediger 3, 1 ff.)

Was wird da beschrieben? Ist das nicht ein fatalistisches Einerlei, ein gleichmäßiger, ununterbrochener Ablauf – eben wie das Ticken der Uhr?

Nein, unsere Zeit ist sehr verschieden von der Zeit, die die Uhr anzeigt. Sie kann lang oder kurz sein in unserem Empfinden – in Stunden des Glücks anders als in Stunden des Schmerzes – auch wenn der Zeiger der Uhr die gleiche Spanne zurückgelegt hat. Denn unsere Zeit ist eben immer schon gefüllte Zeit. Zeit, die wir erfahren und erleben, die wir selbst gestalten durch unser Reden und Tun. Es gehört zum Geheimnis der Zeit, dass sie uns von Gott in so verschiedener Art geschenkt wird. Zeiten der Freude und Zeiten des Schmerzes finden sich darin und manchmal liegen sie sehr nah beieinander. Doch beides gehört zusammen. Beides empfangen wir in gleicher Weise als „unsere Zeit" aus der Hand dessen, der uns alle geschaffen hat.

Die Gedenktage in diesem Monat erinnern in besonderer Weise an die Vergänglichkeit unseres Lebens: Volkstrauertag, Totensonntag. Sie erinnern daran, dass unsere Zeit nicht in unseren Händen steht. Wir können unsere Zeit nutzen, wir können

unsere Zeit vergeuden. Aber verlängern können wir unsere Zeit nicht, allem Fortschritt zum Trotz.
„*Meine Zeit steht in deinen Händen*“ (Psalm 31, 16). So wird in der Bibel gebetet. Meine Zeit – in Gottes Händen. Das ist Trost beim Abschiednehmen, und es ist eine Zusage. Unsere Zeit hat ihr Ziel in Gott. Das Ende der uns geschenkten Zeit ist nicht einfach der Absturz in die Sinnlosigkeit des Todes, sondern ist ein Weg zu Gott, in seine Hand.
Meine Zeit – in Gottes Hand. Wer das nachsprechen kann, macht die Augen nicht zu vor den dunklen Stunden. Er durchlebt sie alle: gute Zeiten, schlechte Zeiten, Zeiten der Freude und der Niedergeschlagenheit, Zeiten des Glücks und Zeiten des Leides. Und er weiß: Beides ist von Gott gehaltene Zeit – trotz allem. Damit trotzt er allem, was ihm den Mut nehmen will. Der kann ein Lebenslied anstimmen inmitten der vergehenden Zeit, denn er weiß: Vom Leben komme ich her und auf das Leben gehe ich zu.
Das laute Ticken von Großmutters alter Standuhr – vordergründig ein fatalistisches Lied: Die Zeit verrinnt, es gibt kein Entrinnen. Doch hört man genauer hin – ein Lebenslied: *Meine Zeit steht in deinen Händen.* *15. 11. 1996*

Gute Zeiten – schlechte Zeiten

Ich telefonierte mit meiner neunjährigen Nichte. Der übliche Gesprächsinhalt: Wie geht's? Was macht die Schule? Freust du dich auf deinen Geburtstag?

Die Lage war glänzend, gesundheitlich, schulisch und überhaupt. Beste Aussichten auf einen schönen Geburtstag. Nach dieser Beschreibung der Lage machte meine Nichte eine Pause und fuhr dann fort: „Also weißt du, es gibt gute Zeiten im Leben, und es gibt schlechte Zeiten im Leben. Ich habe jetzt gute Zeiten." Eine philosophisch aufgeweckte kleine Nichte hast du da, sagte ich mir und erkundigte mich nach den schlechten Zeiten im Leben. Die Antwort fiel prosaisch aus: „Wenn du ein Bein brichst, hast du schlechte Zeiten."

Gute Zeiten – schlechte Zeiten. Alles hat seine Zeit. Beides gehört zu unserem Leben dazu. Das ist nüchterne Bestandsaufnahme.

Wie das Leben, so ist auch die Zeit eine Gabe Gottes. Meine Zeit, die mir geschenkte Zeit, kennt verschiedene Zeiten. Wenn wir glücklich sind, erleben wir Zeit anders als in Stunden des Schmerzes, auch wenn der Zeiger der Uhr die gleiche Spanne zurückgelegt hat.

Unsere Zeit ist immer gefüllte Zeit. Zeit, die wir erfahren und erleben, die wir selbst gestalten durch unser Reden und Tun. Es gehört zum Geheimnis der Zeit, dass sie uns von Gott in so verschiedener Art geschenkt wird. Zeiten der Freude und Zeiten des

Schmerzes finden sich darin, und manchmal liegen sie sehr nahe beieinander.
Ich erlebe das in Familien, die innerhalb von kurzer Zeit die Geburt eines Kindes und den Tod eines geliebten Menschen erleben. Freude und Trauer liegen nahe beieinander. Beides gehört zusammen. Beides macht die Unverwechselbarkeit menschlichen Lebens aus.
Wie aber richte ich mich ein in diesen Zeiten?
Wie lebt es sich in der Spannung zwischen Plus und Minus? Es ist eine Lebenskunst, sich darin einzuüben. Die Hoch-Zeiten – kein Problem! Aber der Alltag? Die Zeiten, von denen es einmal in der Bibel heißt: „Sie gefallen mir nicht."
Es ist eine wichtige Lektion, *Ja* sagen zu lernen zu den Umständen und Fügungen des Lebens. Es bedeutet letztlich *Ja* sagen zu dem, was Gott einem Menschen zuteilt an Erfolg und Misserfolg, an Gelingen und Scheitern.
Der Weg dahin ist oft lang und unbequem. Ein *Ja* zum eigenen Leben, zu seiner Herkunft, seinen Schwächen und Begrenzungen zu finden, ist nicht leicht. Ein *Ja* zu finden zu einer unheilbaren Krankheit, ein *Ja* zu einer zerbrochenen Beziehung muss erkämpft werden.
Wer schwere Zeiten erlebt hat, weiß, dass dieses *Ja* eigentlich nur erbeten werden kann.
Vielleicht mit Worten aus einem Psalm: „*Ob ich von schweren Gedanken bedrängt werde, meine Schwächen schmerzlich erleide, mir in dunklen Stunden selbst fremd bin, mich in Konflikten des*

Alltags verletze, mir Kritiker hart meine Grenzen zeigen, mich das Leid meiner Mitmenschen entsetzt und ich im Leben mein Sterben spüre, weiß ich mich dennoch von deiner Hand gehalten.
Ich bin unendlich geborgen, denn du bist immer bei mir. Deine Nähe umgibt mich Tag und Nacht. Du holst mich von falschen Wegen zurück. Du meinst es gut mit mir. Ich bin unendlich geborgen, denn du bist immer bei mir." 22. 11. 2000

Vergehende Zeit

„*Die Zeit tut, was sie schon immer tat: sie verstreicht*", sagt der Schriftsteller Siegfried Lenz. Wir aber sind mittendrin im Strom der Zeit. Wir stehen nicht am Ufer als distanzierte Beobachter. Die Zeiger der Uhr zeigen nicht nur das abstrakte Verstreichen der Zeit an. Nein, hier verstreicht auch meine Zeit.
„Die Zeit ist ein sonderbar Ding, wenn man so hinlebt, ist sie rein gar nichts. Aber dann auf einmal, da spürt man nichts als sie. Sie ist um uns herum, sie ist auch in uns drinnen."
An die Vergänglichkeit zu erinnern war zu keiner Zeit leicht. Es erforderte immer Mut. Gerade in einer Zeit wie der unseren, wo Jugendlichkeit und Vitalität geradezu verherrlicht werden, ist das alles andere als populär.
Wir lassen uns lieber von Schlagersängern wie Udo Jürgens in die Illusion wiegen, „*Mit 66 Jahren*" fin-

ge das Leben erst an – und dann würden wir als Oma und Opa so richtig losfetzen. Ich weiß nicht, ob Udo Jürgens das selbst so ganz ernst meint. Aber ist es nicht typisch für unsere Zeit, dass man sein Alter verleugnen muss und nur in jugendlichem Look und mit sportlichem Schwung eine Chance hat, als Älterer noch akzeptiert zu werden? „Unsere Tage zu zählen lehre uns! Dann gewinnen wir ein weises Herz!" steht in der Bibel.

Unser Lebensgefühl sagt uns, dass unsere Zeit immer schneller verfliegt. Da ist die Aussage von der Flüchtigkeit und Vergänglichkeit unseres Lebens ausgesprochen aktuell.

Das Leben wie ein flüchtiger Hauch, der Mensch wie eine rasch verwelkende Blume, der Tod wie ein unbarmherziges Hingemähtwerden – passt das nicht haargenau zur Beschreibung des rastlosen, gehetzten Menschen unserer Tage, der heute alles haben muss, weil es ein Morgen möglicherweise nicht mehr gibt?

Zwischen dem Lebensgefühl der Bibel und dem ruhe- und rastlosen Zeitgenossen unserer Tage besteht doch ein fundamentaler Unterschied: In der Bibel bedenken Menschen ihr Leben vor dem Angesicht Gottes. Ihre Lebensspanne von 70, 80 Jahren verdampft wie ein Tropfen Wasser auf einem heißen Stein angesichts dessen, dass Gott von Ewigkeit zu Ewigkeit ist.

Da schnurrt ein menschliches Leben auf einen Augenblick, einen Wimpernschlag, zusammen. Aber können und wollen wir unser Leben überhaupt un-

ter diesem Blickwinkel betrachten? Versuchen wir nicht stattdessen, der Begrenztheit und Knappheit unserer Zeit, ja selbst der Vergänglichkeit und Vergeblichkeit unseres Lebens zu entkommen?
Wir geben uns alle Mühe, das Leben zu verlängern und zu dehnen, seines definitiven Endes nicht gewahr zu werden. Etwa, indem wir die Fiktion der ewigen Jugend vorgaukeln und uns gerne das Bild des Alten suggerieren, der mit 70, 80 Jahren immer noch fit ist wie ein Turnschuh.
„Unsere Tage zu zählen, lehre uns! Dann gewinnen wir ein weises Herz!“ Das ist eine andere Botschaft. Ein weises Herz schafft Gelassenheit, schafft langen Atem. Es weiß, dass die eigene Zeit aus Gottes Händen kommt und in seinen Händen liegt.

23. 11. 2000

Novemberstimmung

November – für viele Menschen ein trauriger Monat. Die bunten Farben des goldenen Oktobers sind vergangen. Warmer Kerzenschein und schöne Überraschungen warten erst im Dezember.
Der November ist trüb und nebelig. Er lässt die letzten Blumen sterben. Kahle Bäume bilden eine passende Kulisse zu den düsteren Trauer- und Totengedenktagen dieses Monats.
Am Volkstrauertag ist der Gedenktag für die Opfer von Gewalt und Krieg in allen Völkern. Am Mittwoch danach feiern evangelische Christen den Buß-

und Bettag. Am darauf folgenden Sonntag ist dann der Totensonntag, auch Ewigkeitssonntag genannt. In den Gottesdiensten werden die Namen von Verstorbenen verlesen, die im jeweils zurückliegenden Kirchenjahr gestorben sind, Namen von Menschen, die wir lieb hatten, mit denen wir das Leben geteilt haben. Viele besuchen die Gräber von Angehörigen. In unserer Gemeinde beträgt die Altersspanne der Verstorbenen oft fast 100 Jahre. Da ist der Säugling, wenige Stunden nach seiner Geburt verstorben, und der Greis, der fast 100 Jahre alt wurde; die 18-jährigen Jugendlichen, die sich bei einem Verkehrsunfall zu Tode fuhren und der Mittvierziger, der einem Herzinfarkt erlag.

Totensonntag – Menschen blicken zurück, erinnern sich an schöne und schwierige Wegstrecken, die sie mit den Verstorbenen erlebt haben. Es wird gelacht und geweint.

Viele tragen als kostbares Vermächtnis das letzte Wort eines lieben Menschen im Herzen. Solche Worte haben ein besonderes Gewicht, z. B. das Wort: „Ich liebe dich!“

Von Martin Luther ist als letztes Wort überliefert: *„Wir sind Bettler, das ist wahr!“* Bilanz eines Menschen, der viel geleistet und bewegt hat. Er wusste, dass wir bei aller Leistungsbilanz vor Gott einmal mit leeren Händen dastehen – wie Bettler eben.

Totensonntag – Tag der Erinnerung an liebe Menschen, die wir vermissen. Aber wer nur zurückblickt, gewinnt keine Zukunft. Wir müssen den Weg vom Totensonntag zum Ewigkeitssonntag fin-

den. Ewigkeitssonntag – dieser zweite Begriff erinnert an den ewigen Gott, der da ist von Generation zu Generation, der Kaiser, Könige und Staatschefs überdauert.
Menschen treten von der Lebensbühne ab. Es gehen die, mit denen wir unser Leben teilen. Wir selbst werden einmal gehen. Niemand weiß, wann das sein wird. Aber das ist das Wichtigste: Jesus Christus kommt wieder!
Diese Perspektive verändert mein Leben. Wer daran glaubt, lebt gelassener, zuversichtlicher. Der blickt nicht nur zurück, sondern auch nach vorn. Es kann ihn nicht mehr alles runterziehen. Bedrängendes wird vorläufig. Natürlich bleiben Sorgen und kommen auch wieder. Natürlich bleibt die Trauer um liebe Menschen. Aber Sorgen und Trauer haben eine andere Qualität, weil sie ihre letzte Autorität verlieren. Jesus Christus ist da und regiert – und zwar jeden Tag. Der gekommene Herr ist auch der wiederkommende Herr. Ihm gehen wir entgegen.

24. 11. 2000

Heilsame Unterbrechungen

Es ist noch gar nicht so lange her, da kannte man noch keine Uhr, jedenfalls nicht das, was wir darunter verstehen. Trotzdem lebten die Menschen nicht zeitlos. Für sie waren Sonne und Mond die Uhrzeiger Gottes.
Das Jahr wurde durch den Mond in Monate geteilt.

Die Zeit schießt nicht ungeordnet dahin. Es gibt Abschnitte, die der Mondwechsel markiert. Noch deutlicher wird dies, wenn wir beobachten, wie die Sonne auf- und untergeht. Vielen Lebewesen fällt es im Traum nicht ein, die Nacht zum Tag und den Tag zur Nacht zu machen. Sie respektieren den ihnen vom Schöpfer zugedachten Rhythmus.
Ein großer Widerspruch zu unserer Wirklichkeit. Wir arbeiten bis zum Umfallen, dann strecken wir alle viere von uns, zerstreuen uns in einem rasanten Wochenende und nennen das Entspannung. Entspannen will man, nicht mehr Feierabend halten.
Ein Witz spitzt das treffend zu: *„Weißt du, was ein englischer, ein französischer und ein deutscher Rentner tun, wenn sie morgens aufstehen? Ein englischer Rentner trinkt einen Brandy und geht in den Club. Der französische Rentner trinkt einen Cognac und geht mit seinen Freunden Boule spielen. Der deutsche Rentner nimmt eine Herztablette und geht zur Arbeit.“*
Wer die Fähigkeit verloren hat, Feierabend zu machen, jagt sich zu Tode. Die gesellschaftliche Diskussion um den Feiertag ist keine Lappalie. Es ist eine Anfrage an den gebotenen Rhythmus.
Wer von der geteilten Zeit her lebt, bezeugt, dass er nicht durch seine Leistung lebt, sondern allein durch Gottes Gnade. Die Schöpfungsgeschichte am Anfang der Bibel erzählt, dass Gott den Menschen am Schluss seines Schöpfungswerkes schuf. Dann ruht er aus. Gott ruht aus! Gott macht Feierabend. Der erste Tag des Menschen ist ein Ruhetag. Das

Leben beginnt mit einem großen Aufatmen und der Freude an allem, was Gott für ihn geschaffen hat. Der Mensch hat teil an der Vollendung des Werkes Gottes. Der Ruhetag ist Gottes Wohltat für seine Menschen.

Mit Recht haben Menschen bisher die soziale Schutzeinrichtung eines Ruhetages genossen. Schließlich ist der Mensch keine Arbeitsmaschine. Die ersten Christen haben schon sehr bald den ersten Tag der Woche als Tag der Auferstehung Jesu Christi gefeiert. Das ist die Geburtsstunde des Sonntags. Man traf sich, um das Wort Gottes zu hören, ihn zu loben, ihm zu danken.

Ob die Wiederentdeckung des Sonntags als Tag der Ruhe nicht lebenswichtig für uns ist? Der Sonntag als heilsame Unterbrechung des Alltags, denn ohne Sonntage gibt es nur noch Werktage.

Sonntagfeiern bedeutet: Sich erinnern, dass Gott uns nicht zuerst an die Arbeit stellt. Er gibt uns vielmehr frei. Der Sonntag – Tag der Menschenfreundlichkeit Gottes. Gott freut sich an seinen Werken und lädt uns ein, mitzufeiern.

Übrigens: Der Gottesdienst ist eine gute Möglichkeit, Gott zu feiern und die Prioritäten zu ordnen. Jeden Sonntag feiern die christlichen Gemeinden Gottesdienst. Jeder ist eingeladen mitzufeiern.

25. 11. 2000

Anvertraute Zeit nutzen

Was fangen Sie heute mit Ihrer Zeit an? Oder haben Sie gar keine Zeit, um darüber nachzudenken? Ist Ihre Zeit längst verplant? Oder haben Sie zu viel Zeit?

Bei einem durchschnittlichen Alter von 75 Jahren stehen jedem Menschen etwa 27.375 Tage zur Verfügung. Das sind immerhin 657.000 Stunden. Diese Tage und Stunden müssten doch ausreichen, um all das zu tun, was uns wichtig ist und was unbedingt getan werden muss. Und genügend freie Zeit sollte dabei auch noch übrig bleiben.

Aber anscheinend ist das für die meisten Menschen nur eine Wunschvorstellung. Wie oft hört man die Entschuldigung: „Habe heute leider keine Zeit." Oder: „Bin total ausgebucht." Nicht, dass diesen Menschen tatsächlich ihre Zeit abhanden gekommen wäre. Sie haben genau so viel oder genau so wenig Zeit wie andere Menschen auch. Aber diese Zeit ist schon verbucht. Sie ist randvoll angefüllt mit den verschiedenen Aktivitäten – und wahrscheinlich nicht nur beruflicher Natur. Auch der Freizeitstress schlägt immer wieder gnadenlos zu.

„Zeit" heißt vom Wortsinn her: „Das Abgeteilte". Da ist etwas abgeteilt. Ich kann auch sagen: Da ist etwas zugeteilt. Denn keiner von uns ist Herr der Zeit. Gott ist Herr der Zeit. Und er gibt uns eine ganz bestimmte Spanne Zeit.

Diese Zeit nennt ein altes griechisches Wort „Chronos". Das ist die Zeitlinie von der Geburt bis zum

Tod. Unser altes Wort „Chronometer“ kommt daher, mit dem man die Uhren bezeichnet hat. Irgendwann ist die Uhr abgelaufen, die Uhr unseres Lebens oder auch die Uhr dieser Welt.
„Meine Zeit steht in deinen Händen, nun kann ich ruhig sein, ruhig sein in dir. Du gibst Geborgenheit, du kannst alles wenden. Gib mir ein festes Herz. Mach es fest in dir.“
So heißt es in einem Kirchenlied von Peter Strauch. Meine Zeit in Gottes Händen. Das ist eine Zusage. Unsere Zeit hat ihr Ziel in Gott. Das Ende der geschenkten Zeit ist nicht einfach ein Abstürzen in den Tod. Es ist ein Weg zu Gott, in seine Hand. Und für die Zeit, die ich heute gestalten werde durch mein Reden und Handeln, durch das, was gelingt und auch misslingt, bitte ich Gott um das feste und getroste Herz. *„Meine Zeit steht in deinen Händen, nun kann ich ruhig sein in dir. Gib mir ein festes Herz. Mach es fest in dir!“* *31. 8. 2007*

Peter Strauch, *Meine Zeit steht in deinen Händen*, 1981
Hänssler-Verlag, Holzgerlingen

Feiertage

Pausenzeiten

Eine Fabel erzählt: *An einem Tag kommen die Tiere unter einem Baum zusammen, beratschlagen und sprechen: Wir wollen wie die Menschen einen Sonntag haben!*
Ein Tier fragt: „Was macht denn den Sonntag zum Sonntag?“ Jedes Tier gibt eine andere Antwort. Der Löwe meint: „Wenn ich eine Gazelle verspeise, ist für mich Sonntag.“ Das Pferd sagt: „Wenn ich stundenlang Auslauf habe auf einer weiten Koppel, dann ist für mich Sonntag.“ Das Schwein grunzt: „Wenn ich in einer Dreckmulde sitze und Eicheln verspeise, dann ist für mich Feiertag.“ Das Faultier gähnt: „Ich muss an einem Ast hängen und schlafen.“ Der Pfau prahlt: „Sonntag ist für mich dann, wenn ich einen Satz neuer Schwanzfedern erhalte.“ Da kommen Menschen vorbei, hören das Gespräch der Tiere und lachen.
Aber was macht denn den Sonntag tatsächlich zum Sonntag? Ein gutes Essen? Ein ausgedehnter Spaziergang? Ein langer guter Schlaf? Wie finden Sie zur Ruhe?
Es gibt Menschen, die geraten von einem Stress in den nächsten. Und wenn sie ausruhen, haben sie ein schlechtes Gewissen. In der Woche ist es die Arbeit, am Wochenende der Wochenendstress, der nicht

zur Ruhe kommen lässt. Pausenlos eingespannt in den Vergnügungskonsum. Andere werden vom Sonntagssyndrom befallen. Das Wort stammt aus der medizinischen Fachsprache und bezeichnet Kopfschmerzen, Erbrechen, elendes Gesamtbefinden. Manche werden davon befallen, weil der gewohnte Stress der Woche fehlt.

Eine Frau sucht ihren Mann. Schließlich findet sie ihn. Er liegt ausgestreckt auf dem Sofa. Sie fragt ihn: „Was machst du? Du arbeitest nicht. Du liest nicht. Du hörst keine Musik. Du gehst nicht spazieren." Er antwortet: „Ich reife."

Wir schmunzeln über diese Begebenheit. Der Mann hat entdeckt, dass Pausenzeiten notwendige Reifezeiten im Leben sind. Er braucht diese Zeiten, um einmal alles aus der Hand zu legen: den Beruf und den Haushalt, Termine und Hetze, Verpflichtungen und Sorgen.

Um uns herum klagen Menschen: Ach, wenn ich endlich mal zur Ruhe und zu mir selbst finden könnte! Gleichzeitig tun sie alles, um nicht mit sich selbst allein sein zu müssen.

Gerade in Ruhepausen entdecken wir auch Dinge, die uns unsere Ruhe rauben. Da melden sich Fragen zu Wort: Was habe ich versäumt und vergessen? Wofür rackere ich mich ab? Was ist wirklich wichtig? Wovon lasse ich mich beeinflussen? Wohin treibe ich?

Ein dauernder Aufenthalt im Betrieb macht betriebsblind. Manchmal müssen wir vertraute Orte verlassen, um in Ruhe aus der Distanz Dinge zu be-

trachten und wieder zu uns selbst zu finden.
Der Sonntag will uns dabei helfen als heilsame Unterbrechung des Alltags. Der Sonntag ist nach christlicher Tradition der erste Tag der Woche. Das bedeutet: Gott stellt uns nicht zuerst an die Arbeit. Er gibt uns vielmehr frei. Der Sonntag – Tag der Menschenfreundlichkeit Gottes. Gott ruht aus. Er freut sich an seinen Werken und lädt uns ein, mitzufeiern.
Jeden Sonntag ist in allen christlichen Gemeinden Gottesdienst. Da kann das Feiern praktisch werden. Sonntag feiern heißt: Atem holen für die neue Woche. Was bräuchten wir mehr in einer durch Atemlosigkeit gekennzeichneten Zeit? Wer so Atem holt, spürt, was den Sonntag zum Sonntag macht.

30. 4. 1994

Das Gesicht des Gekreuzigten

Im Jahr 1856 machten Forscher auf dem Palatin in Rom eine interessante Entdeckung. Als sie den Trümmerschutt aus einer alten römischen Kadetten–Anstalt entfernt hatten, fanden sie an der Wand ein Kreuz. Es war mit einem Nagel oder einem Messer primitiv in den Wandverputz eingeritzt. Ein Junge erhebt grüßend, betend, seine Hand zum Kreuz hin. Am Kreuz hängt ein Mann. Aber sein Kopf ist ein Eselskopf. Darunter steht in ungelenken Buchstaben auf Lateinisch: Alexamenos betet seinen Gott an! Eine Karikatur, ein Spott–Kruzifix. Die

Forscher glauben, dass die Zeichnung in der Zeit um 125 nach Christi Geburt entstanden ist. Eines der frühesten Bilder des Kreuzes. Aber ein Spottbild. Gott am Kreuz? Dieser Gott ist ein Esel, und wer ihn anbetet, ist es auch! Alles eine große Eselei? Ist das die Bedeutung von Karfreitag? Die Christenheit gedenkt des Leidens und Sterbens Jesu Christi am Kreuz. Der Weg des Jesus von Nazareth – eine einzige große Leidensgeschichte. In einem Arme–Leute–Stall wird er geboren. Kaum auf der Welt, wird er durch den Tyrannen Herodes zum Flüchtling gemacht. Er hat keinen Ort, wo er sein Haupt hinlegen kann. Angriffe, Anfeindungen, Morddrohungen begleiten seine kurze Wirksamkeit. Dann das Ende: Verhaftung, Auspeitschung, Kreuzigung. Ein qualvoller Tod unter Schwerverbrechern. Und über allem steht der Satz: „Wer mich sieht, sieht Gott, meinen Vater im Himmel." Wenn an diesem Satz etwas dran ist, dann wird im gekreuzigten Jesus Gott selbst in eine Leidensgeschichte unvorstellbaren Ausmaßes verwickelt. Gott bleibt nicht distanzierter Zuschauer des menschlichen Elends. Er lässt das Leiden nicht zu – er lässt sich selbst bis zur letzten Konsequenz auf unser Leiden ein. Das Gesicht des Gekreuzigten. Ein Leidensgesicht unter vielen. Und doch ein besonderes Gesicht. Denn in diesem Gesicht sieht Gott selbst uns an. Gott gibt uns keine theoretische Antwort auf die Frage nach dem Leiden. Er stellt sich an unsere Seite. Er teilt unser Elend. Er hängt sich daneben, wo gelitten wird. Keine Qual der Welt, die er nicht kennt. Kei-

ne Träne, die er nicht auch weint. Keine Todesangst, die er nicht mit uns durchmacht. Kein Schmerz, von dem er unberührt bleibt. Im Gekreuzigten wird die Solidarität des Himmels mit den Leidenden anschaulich.
Eine Szene der Kreuzigungsgeschichte berührt mich besonders. Da verfinstert sich der Himmel über dem sterbenden Jesus, und er, der Gott so nah war wie keiner von uns, schreit in diese Dunkelheit: *„Mein Gott, mein Gott, warum hast du mich verlassen?"* Das ist unser Schrei, wenn wir nicht weiter wissen, wenn die Nacht uns überfällt. Wo uns die Gottesfinsternis von Leiden, Schmerz und Tod schreckt, wo wir uns ganz und gar gottverlassen vorkommen, genau da hängt Jesus und schreit mit uns *„Mein Gott, mein Gott, warum hast du mich verlassen?"* Der Schmerz des Gekreuzigten, das Mitleiden Gottes ist für mich ein deutliches Zeichen der Solidarität des Himmels mit uns, die wir am Leiden nicht vorbeikommen.
Angesichts der erbärmlichen Leidensflut dieser Welt brauche ich den Blick auf das Mitleiden Gottes. Ich hätte wirklich Schwierigkeiten, an Gott zu glauben, wenn es den gekreuzigten Jesus nicht geben würde.
Die Antwort des jungen Christen Alexamenos auf die Karikatur des Kreuzes ist uns übrigens auch überliefert. 1870 entdeckte man sie in einem anderen Raum. Auf dem Sockel unter dem Standbild des Kriegsgottes Mars stand, eingeritzt mit einem Nagel: *„Alexamenos bleibt treu und gläubig!"*

17. 4. 2003

Jeder Freitag ist Karfreitag

Es war an einem Freitagmorgen um 6.40 Uhr. Ich war zu spät aufgestanden, hatte die Zeit zu knapp geplant. Eine um wenige Minuten verpasste S-Bahn brachte mir fast eine Stunde Wartezeit auf den nächsten Zug. Der Bahnhof voller Leben – voller Menschen. Die Frau, die zwischen dem schreienden Kind im Kinderwagen und dem zu großen Handgepäck zu jonglieren versuchte, um ihren Zug zu erreichen. Der Mann, der hinter dem Müllcontainer die Flasche Magenbitter auf ex runterkippte. Die junge Fixerin, die verzweifelt ihr Geld für den nächsten Schuss zusammenbettelte. Die Herren mit den maßgeschneiderten Anzügen und Staubmänteln überm Arm, den Aktenkoffer in der Hand, dazu den „Spiegel" oder „Die Zeit". So strebten sie dem Erste-Klasse-Bereich des ICE zu. Das ältere Ehepaar, das sich zum dritten Mal auf dem Wagenstandsanzeiger vergewisserte, dass sie auf dem richtigen Gleis im richtigen Bereich auf ihren Zug warteten. Der jüngere Mann, der völlig durchgefroren war. Offensichtlich hatte er die Nacht im Freien verbracht. Er bat mich um eine Tasse heißen Kaffee zu seinem Käsebrötchen.

Menschen unterwegs auf einem Bahnhof. Ihre Gesichter, ihre Blicke erzählen von unterschiedlichen Lebenswegen, von Enttäuschungen und Hoffnungen. Endstation für die einen, Zwischen- oder gar Aufbruchstation für die anderen. Schicksale an einem Freitagmorgen.

Als ich endlich in meinem Zug sitze und der Bahnsteig mit den Menschen langsam zurückbleibt, fällt mir ein Satz ein, den ich wenige Tage zuvor gelesen hatte: Jeder Freitag ist eine Karfreitagserinnerung. Wenn das stimmt, dann ist so ein Bahnhof wohl eine Kreuzwegstation der besonderen Art. Alles, was es da in dieser Welt und in meinem Leben wahrzunehmen, zu ertragen und zu erleiden gibt, ist im Kreuz Jesu Christi umgriffen. Drängt sich zusammen auf den einen, der Gott vertritt. Gott an unserer Seite. Jesus Christus, unser gekreuzigter Bruder. Das Gesicht des Gekreuzigten. Ein Leidensgesicht unter vielen. Und doch ein besonderes Gesicht. Denn in diesem Gesicht sieht Gott selbst uns an. Er stellt sich an unsere Seite. Er teilt unser Schicksal. Er hängt sich daneben wo gelitten wird. Keine Qual der Welt, die er nicht kennt. Keine Träne, die er nicht auch weint. Kein Schmerz, von dem er unberührt bleibt. Im Gekreuzigten wird die Solidarität des Himmels mit den Leidenden anschaulich.

Im Kirchenjahr hat gerade die Passionszeit begonnen. Da kann es besonders erfahrbar werden: Jeder Freitag ist Karfreitagserinnerung. Keine Erinnerung an eine Endstation. Vielmehr Erinnerung an eine Zentralstation unseres Glaubens, das Bild vom mitleidenden Gott. Der Blick darauf gibt Hoffnung für den eigenen Weg und den Weg der anderen, die mit uns unterwegs sind. Er ermutigt, das Leben mit ihnen zu teilen, Halt und Hoffnung zu geben. Und Wegweisung. Damit aus Endstationen Aufbruchstationen werden zu einem neuen Leben.

15. 2. 2008

Der Geist von Pfingsten

An Pfingsten feiert die christliche Kirche Geburtstag. Feiern Sie mit?

Es begann vor fast zweitausend Jahren. Pfingsten in Jerusalem. Eine aufrüttelnde Predigt. Tausende sind erschüttert und fragen nach Gott. Dreitausend Menschen finden sich zu seiner Gemeinde zusammen. Viele öffnen ihre Häuser und laden Menschen ein, die sie vor drei Tagen noch nicht kannten. Leute aus aller Herren Länder. Kulturelle und ethnische Unterschiede trennen nicht mehr. Menschen geben ihren Besitz auf, um andere zu unterstützen. Begeisterung bricht sich Bahn. Ein Traum? Zu schön, um wahr zu sein?

Hinter dem Ereignis steht keine Kommunikationsidee, kein völkerverbindendes Projekt einer internationalen Hilfsorganisation. Gott selbst ist der Urheber dieses Wunders. Sein guter Geist bewirkt am Pfingsttag, dass Menschen sich untereinander verstehen, weil sie Gottes große Taten verstehen. Er bindet Menschen an sich und verbindet sie untereinander zu seiner Gemeinde. Es macht sie zu Brüdern und Schwestern, bereit abzugeben und zu teilen. Von Gottes Geist Bewegte gestalten ihr Leben miteinander, und sie gestalten die Welt. Ein Traum? Zu schön, um wahr zu sein?

In der ersten Begeisterung waren alle glücklich. Am Anfang ist alles leicht. Aber mit der Zeit kommen die Probleme. Begeisterung weicht der Ernüchterung. Damals wie heute.

„Ja, früher...“, sagt so manches Gemeindeglied, das ich zum Altengeburtstag besuche, „ja, früher.“ Da schwingt Wehmut mit. Das klingt wie ein Nachruf. Nachrufe stehen immer am Ende. Danach kommt nichts mehr. Da ist nichts mehr zu erwarten. Da wird der Geburtstag zum Gedenktag. „Ja, früher!“
Aber an Pfingsten feiert die christliche Kirche Geburtstag. Ein Geburtstag ist mehr als ein Gedenktag. Wer Geburtstag feiert, denkt nicht nur an das Gestern. Er freut sich am Heute und hofft auf morgen. Wer Pfingsten feiert, weiß, dass die Kirche ihre Zukunft nicht hinter sich hat. Wer Pfingsten feiert, freut sich an der Kirche mit Zukunft.
Das setzt ungeahnte Kräfte frei. Das führt zum Engagement. Das gibt Mut zu Veränderungen.
„Kleingläubig und in vorauseilender Skepsis haben wir es zu lange als unveränderbar angesehen, dass die Akzeptanz der Kirche weiter schwindet, der Traditionsabbruch weiter um sich greift und die Kirchenaustritte sich auf hohem Niveau stabilisieren werden“, so formuliert eine Vorlage zu Reformen in der Kirche, die in vielen westfälischen Gemeinden diskutiert wurde. Sie setzt einen entscheidenden Kontrapunkt: „Wir wollen wachsen gegen den Trend!“ Daraus zieht sie vielfältige Konsequenzen für notwendige Veränderungen.
„Wenn der Wind des Wandels kommt, bauen die einen Dämme, die anderen Windmühlen,“ heißt es.
Ich möchte Windmühlen bauen, um den Wind, der uns ins Gesicht bläst, zu nutzen. Wir müssen allerdings die Flügel entsprechend ausrichten. Der Geist

von Pfingsten muss hineinwehen. Wie das geschehen kann? Wenn viele Pfingsten feiern und beten: *„Komm, Heiliger Geist, erneur'e deine Kirche und fange bei mir an."* *2. 6. 2001*

Ein Tag für Michael und Michaela

Eine besondere Aufmerksamkeit gilt allen, die mit Vornamen Michael oder Michaela heißen. Heute ist ihr Tag. Heute feiern wir das Fest ihres Namenspatrons und des Schutzpatrons der Deutschen. Das Fest des Erzengels Michael. Heute ist Michaelistag. Ein Feiertag, den kaum noch jemand kennt, dessen Botschaft aber lebenswichtig ist: „Der Engel des Herrn lagert sich um die her, die ihn fürchten und hilft ihnen heraus", heißt es in einem Psalm. Der heutige Michaelistag mit seinem Hinweis auf den Erzengel Michael erinnert daran, dass Gott uns und unser Leben bewahren, behüten und begleiten will. Dafür nimmt Gott Boten und Botinnen in seinen Dienst. Sie können unterschiedliche Gestalt und verschiedene Namen haben. Immer aber vermitteln sie etwas von Gottes Fürsorge und Obhut. Sie helfen immer heraus, schaffen immer wieder neuen Grund unter die Füße, geben Signale der Hoffnung. Menschen trösten, ihnen gut zureden, ihnen helfen zu verstehen, sie zum Glauben ermutigen – was Gottes Engel in der Bibel tun, ist auch unser Auftrag.

Dass wir füreinander Engel werden können, den einen oder anderen Dienst der Engel übernehmen, das kann viel Kraft kosten. Aber wir sind darauf angewiesen, dass andere für uns diesen Dienst tun. Und wir sollten dann und wann auch einmal zugeben: „Du bist ein Engel!" Oft merken wir es ja erst im Nachhinein, welchen Dienst wir einander erwiesen haben.

Martin Buber, der große jüdische Theologe, hat an einen Ausspruch seiner Großmutter erinnert: *„Einen Engel erkennt man erst, wenn er vorübergegangen ist."*

Es müssen nicht immer Engel mit Flügeln sein. Gottes gute Mächte nehmen gern unsere menschliche, unvollkommene Gestalt an – überall wo Angst uns die Luft abdrückt, Tränen uns den Blick versperren, Schmerzen unsere Sinne lähmen und wir von allen guten Geistern verlassen scheinen.

Die Engel geben uns Zeichen, die uns Geborgenheit spüren lassen und uns gewiss machen, dass wir gut aufgehoben sind.

Dietrich Bonhoeffer[6] schrieb aus dem Gefängnis:

„Von guten Mächten wunderbar geborgen,
erwarten wir getrost, was kommen mag.
Gott ist bei uns am Abend und am Morgen
und ganz gewiss an jedem neuen Tag."

Ich wünsche Ihnen einen behüteten Michaelistag.

29. 9. 2005

[6] Dietrich Bonhoeffer, *Von guten Mächten*, Abakus, 1972, Greifenstein

Das persönliche Denk-mal

Morgen feiern wir das Erntedankfest. In vielen Kirchen laufen seit Tagen die Vorbereitungen. Die Altäre werden mit Obst, Gemüse und üppigen Blumensträußen geschmückt. Viele tragen mit ihren Gaben dazu bei. Da gibt es viel zu sehen. Schließlich soll sichtbar vor Augen stehen, wofür wir Gott danken können.

„Wir pflügen und wir streuen den Samen auf das Land, doch Wachstum und Gedeihen steht in des Himmels Hand", dichtete Matthias Claudius. Wir werden lange auf das Erntedankfest vorbereitet. Im Frühjahr und Sommer können wir beobachten, wie die Knospen springen, wie es blüht, wächst und reift. Im Herbst dann die Ernte: Getreide, Beeren, Nüsse, Äpfel. Selbst mitten in der Großstadt kann ich diese Vorgänge beobachten: am blühenden Kirschbaum vor der alten Stadtkirche, am Kastanienbaum in der Straße oder an den Tomatensträuchern auf dem Balkon des Nachbarn. Was wirklich schön und wichtig ist, sehe ich oft erst, wenn ich davon weiß und darauf achte.

„Danket dem Herrn, denn er ist freundlich und seine Güte währet ewig und seine Gnade für und für", heißt es in einem Psalm zum Erntedankfest. Die letzte Bestimmung des Menschen ist es demnach, Gott zu danken und sich an seinen Gaben zu freuen.

Aber ist das so einfach? Ist unsere Welterfahrung nicht häufig eine andere? Wir leben zerstörend in einer zerstörten Welt. Die Blicke verhungernder Kinder gehen mir nach. Wofür soll ich da Gott danken?

Wer dem Schöpfer dankt, bleibt nüchtern. Er weiß, wie gefährdet und unsicher die Erde ist. Aber er wird diese Erde lieben und alles tun, was ihm möglich ist, um sie zu erhalten und zu bewahren.

Der Dank an Gott, den Schöpfer, gibt Kraft zum Handeln. Dank bewahrt vor Resignation und befähigt zur Aktion. Ein dankbarer Mensch wird nicht untätig zusehen und bei den ersten Schwierigkeiten aufgeben.

Der Dank Gott gegenüber beginnt mit dem Nachdenken. Ich erlebe im Gespräch, dass sich Menschen allzu gut an Schwieriges erinnern, das sie erlebt haben. Manchmal liegen die Vorgänge schon viele Jahre zurück. Sie können es einfach nicht vergessen. Wenn sie aber zehn Minuten erzählen sollten, wo sie Gutes erfahren haben, fällt ihnen nichts ein.

Denken und danken gehören zusammen. Es kann gut sein, einmal aufzuschreiben, wo man Grund zum Danken hat. Und nicht aufzuhören, bevor einem mindestens 15 Dinge eingefallen sind. Wofür waren Sie in den letzten Wochen, im letzten Jahr dankbar?

Eine Familie in unserer Gemeinde hat eine ganz besondere Art und Weise entdeckt, Danke zu sagen. Kurz vor dem Erntedankfest bauen sie jedes Jahr ihren persönlichen Erntedanktisch auf. Da ist alles zu sehen, was Grund zum Danken ist. Eine Zeit lang bleiben diese Dinge als „Denk mal“ vor Augen stehen. In diesem Jahr sieht man den Computer als Dank für den Arbeitsplatz, den der 16-jährige Sohn bekommen hat. Medikamente als Zeichen, weil die Großmutter wieder gesund geworden ist. Postkarten von Menschen, die an sie gedacht haben. Obst und Gemüse als Zeichen für die tägliche Nahrung. Feste machen fest. Sie sind Gedächtnisstützen gegen das Vergessen. Gut, dass es das Erntedankfest gibt!

1. 10. 2005

Was noch zu sagen ist …

Flucht vor dem eigenen Schatten

Es war einmal ein Mann – so heißt es in einer alten chinesischen Geschichte –, der konnte den Anblick seines Schattens nicht ertragen. Er wollte ihn abschütteln und sagte: Ich laufe ihm einfach davon. Und er rannte los. Aber jedes Mal, wenn er einen Schritt tat, folgte ihm auch sein Schatten. Da sagte der Mann zu sich: „Ich muss schneller laufen." Also lief er schneller und schneller, rannte um sein Leben und fiel schließlich tot um, der Mann, der den Anblick seines Schattens nicht ertragen konnte.
„Ganz schön blöd", möchte man sagen, gäbe es da im eigenen Leben nicht auch Momente, in denen man vor sich selbst auf die Flucht gehen könnte. Wenn Schatten die eigene Seele verfinstern, Beziehungen zerbrechen, wir bei beruflichen Herausforderungen scheitern. Aber: Wer vor sich selber flieht, trifft überall wieder zuerst auf sich selbst.
Der Mann, der seinen Schatten nicht ertragen konnte und versuchte, ihm davonzulaufen, lief und lief, bis er tot zu Boden fiel. Das ist allerdings nicht das Ende der chinesischen Geschichte. Sie hat noch eine Schlusspointe. Am Ende heißt es: Wäre der Mann, der den Anblick seines Schattens nicht ertragen konnte, einfach in den Schatten eines Baumes getreten, so wäre er seinen eigenen Schatten losge-

worden. Aber darauf kam er nicht. Und so rannte er sich zu Tode.

Wo also Zuflucht suchen auf der Flucht vor uns selbst? In der Bibel heißt es einmal: „*Wer unter dem Schirm des Höchsten sitzt und unter dem Schatten des Allmächtigen bleibt, der spricht zu dem Herrn: Meine Zuversicht und meine Burg, mein Gott, auf den ich hoffe.*"

Wer Gott vertraut, muss nicht mehr vor sich selbst weglaufen. Wer Gott vertraut, weiß, wohin er sich wenden kann. Wer glaubt, findet Freiheit von sich selbst und Frieden mit sich selbst. Der christliche Glaube befreit aus der Lebenslüge, dass wir unser Leben selbst herstellen und seinen Sinn selbst produzieren könnten. Der Mensch ist mehr, als er aus sich macht. Er ist weder mit seinen Taten noch seinen Untaten identisch. Er braucht deshalb nicht auf eine Flucht zu gehen, bei der er nur wieder auf sich selbst trifft, weil er eingeholt ist von der Liebe Gottes. Weil er von Gott geliebt und anerkannt ist, findet er die Wahrheit wie den Frieden seines Lebens.

„*Wer glaubt, der flieht nicht*", so steht es beim Propheten Jesaja. Weil er sich nicht befreien muss von seiner Vergangenheit, seinen eigenen Schattenseiten. Der flieht nicht, weil er befreit ist von allem, was ihm den Atem rauben und den Mut nehmen will. Der ist befreit aus der Gefangenschaft allen Machens und Schaffens, befreit vom elenden Kreisen um sich selbst und befreit zum Eintreten für den Nächsten.

29. 8. 2007

Was hat Priorität im Leben?

Eine neue Woche liegt vor uns. Was wird sie bringen? Reichen die 24 Stunden des Tages aus, um alle Aufgaben zu erledigen? Was ist wichtig – was unwichtig?

Wenn die Aufgaben in dieser Woche immer schwieriger werden und die 24 Stunden am Tag nicht genug sind, dann erinnern Sie sich an die Geschichte vom Blumentopf und den Bällen.

Ein Lehrer steht vor seiner Klasse. Einige Gegenstände liegen vor ihm. Der Unterricht beginnt. Er nimmt einen großen Blumentopf und füllt ihn mit Bällen. Ist der Topf voll? Die Klasse nickt. Der Lehrer nimmt einen Behälter mit Kieselsteinen und schüttet sie in den Topf. Er bewegt den Topf sachte und die Kieselsteine rollen in die Leerräume zwischen den Bällen. Ist der Topf nun voll? Der Lehrer nimmt eine Dose mit Sand und schüttet diesen in den Topf. Der Sand füllt den kleinsten noch verbliebenen Freiraum. Ist der Topf nun voll? Die Schüler: „ja." Der Lehrer holt eine Flasche Wein unter dem Tisch hervor und schüttet den Inhalt in den Topf. Er füllt damit auch den allerletzten Raum zwischen den Sandkörnern aus. Die Schüler lachen. „Nun", sagt der Lehrer, „ich möchte, dass Sie diesen Topf als Beispiel für Ihr Leben ansehen. Die Bälle sind die wichtigen Dinge in Ihrem Leben: Ihre Familie, Ihre Freunde, Ihre Gesundheit, Ihr Glaube.

Wenn in Ihrem Leben alles verloren geht und nur noch diese Bälle verbleiben, ist Ihr Leben trotzdem noch erfüllt. Die Kieselsteine symbolisieren andere Dinge im Leben wie Ihre Arbeit, Ihre Wohnung, Ihr Auto. Der Sand ist alles andere, die Kleinigkeiten. Falls Sie den Sand zuerst in den Topf geben", fährt der Lehrer fort, „ist weder Platz für die Kieselsteine noch für die Bälle. Dasselbe gilt für Ihr Leben. Wenn Sie alle Ihre Zeit und Energie in Kleinigkeiten investieren, werden Sie nie Platz haben für die wichtigen Dinge. Achten Sie auf die Dinge, die Ihr Glück gefährden. Gehen Sie mit Freunden ins Kino, überraschen Sie jemanden mit einem kleinen Geschenk oder einem Anruf. Es wird immer noch Zeit bleiben zum Aufräumen und Putzen oder um andere Pflichten zu erledigen. Achten Sie zuerst auf die Bälle, auf die Dinge, die wirklich wichtig sind. Setzen Sie Ihre Prioritäten. Der Rest ist nur Sand."

Ein Schüler will wissen, was denn nun der Wein repräsentieren solle. „Ich bin froh, dass Sie das fragen. Für ein Glas Wein ist immer noch Platz – egal wie schwierig das Leben auch sein mag."

Wichtiges vom Unwichtigen unterscheiden – sich Zeit nehmen für das Wesentliche. In einer neuen Woche ist viel Gelegenheit dazu.

Mir hilft es, Gott zu bitten, Wichtiges vom Unwichtigen unterscheiden zu können. Darum bete ich: „Guter Gott, hilf mir in dieser Woche, Wichtiges vom Unwichtigen zu unterscheiden. Ich bitte dich nicht um mehr Zeit. Ich bitte dich aber um Gelassenheit, jede Stunde zu füllen und zu tun, was du segnest." *13. 3. 2006*

Was wäre wenn ...

Vor kurzem sagte jemand: „Ich will mich ja nicht loben, aber ich könnte mich küssen!"
Er glich so einem Ich-kam-sah-und-siegte-Typ, der schnell im Mittelpunkt des Interesses steht. Er hatte die Lacher auf seiner Seite und wusste, wie er an seine täglichen Streicheleinheiten kommt. Bei vielen stand er ganz gut im Kurs. Sein Selbstwertgefühl war ungebrochen. Er hatte eine positive Grundhaltung zu sich selber.
Können Sie sich auch so über sich selbst freuen? Und nicht nur über sich selbst, sondern auch über andere?
Freude über sich selbst und Freude über andere sind nicht selbstverständlich. Mancher, der freundlich angelacht wird, hat das Gefühl, er würde ausgelacht. Von wegen Selbstwertgefühl!
Da mischen sich ganz andere Gefühle ein. Gefühle von Selbstzweifel und Selbstmitleid, ausgedrückt durch das kleine Wort *wenn*. Wenn ich anders sein könnte! Wenn ich so begabt wäre wie! Wenn ich bessere Startbedingungen für mein Leben gehabt hätte! Wenn ich eine andere Schule besucht hätte! Wenn ich meinen Traumjob ergriffen hätte! Wenn ich eine stabilere Gesundheit hätte! Wenn nicht der Krieg dazwischen gekommen wäre! Wenn ich belastbarer wäre! Wenn ich damals die richtige Entscheidung getroffen hätte! Ja dann. Wenn! Aber so?
Mit dem Wort *wenn* kann ich auf einen Traumtrip gehen. Ich baue Luftschlösser, und die Entschei-

dungskosten sind gering. Das Wort *wenn* zerstört mein Verhältnis zur Wirklichkeit. Ich bin nicht bereit, ernst zu nehmen und zu akzeptieren, wie die Dinge liegen. Das Wort *wenn* hindert mich, Verantwortung zu übernehmen. Ich habe ja eine Entschuldigung: Die schwierigen Umstände lassen es nicht zu. Was wäre wenn?

Diese Frage kann man aber auch ins Positive wenden. Man kann sie zu einer Bestandsaufnahme nutzen. Man darf nur nicht beim Rückblick stehen bleiben.

Ich denke zurück an eigene Lebensträume. Manches ist in Erfüllung gegangen. Andere Träume musste ich begraben.

Manchmal überlege ich, wie mein Leben verlaufen wäre, wenn es damals anders gekommen wäre, ich mich anders entschieden hätte. Wenn ich einen anderen Beruf gewählt hätte, wenn ich an einen anderen Ort gezogen wäre, wenn ich andere Freunde gehabt hätte.

Wie gewinne ich aus dem Rückblick den Blick nach vorne? Mir hilft ein Blick in die Bibel. Sie bleibt nicht bei der Vergangenheit stehen. Sie eröffnet neue Perspektiven. Sie ermutigt zu Schritten in der Gegenwart und in die Zukunft.

Ich bin bei Gott angenommen mit meiner Vergangenheit, Gegenwart und Zukunft. Meine offenen Fragen sind bei ihm aufgehoben.

Die Menschen der Bibel haben dies immer wieder erfahren. Und das waren alles andere als Siegertypen. Da waren Menschen in Sackgassen des Lebens,

am Rand der Gesellschaft, an Leib und Seele Verwundete.
Von ihnen, von ihrem Glauben möchte ich lernen, auch wenn ich mich und meine Verhältnisse nicht zum Küssen finde. Das wirkt sich aus in einem Dank, einem freundlichen Wort oder einem Lächeln. Sie selbst werden es merken – und andere auch. *29. 4. 1994*

Schlagwortverzeichnis nach Themen

Quellenverzeichnis der Lieder

Dietrich Bonhoeffer, *Von guten Mächten*, Abakus, 1972, Greifenstein

Manfred Siebald, *Geh unter der Gnade*, Text & Melodie: Manfred Siebald © 1987 SCM Hänssler, 71087 Holzgerlingen

Peter Strauch, *Meine Zeit steht in deinen Händen,* 1981, Hänssler-Verlag, Holzgerlingen
Jürgen Werth, *Wie ein Fest nach langer Trauer,* Hänssler-Verlag, Holzgerlingen

Ruthild Wilson, *Herr, lass deine Wege mich verstehn*, Originaltitel: *May the Lord send angels,* © 2001 music by heinz-helmut jost-naujoks, words by ruthild wilson, Luther-Verlag, Bielefeld

Diethard Zils, *Wir haben Gottes Spuren festgestellt,* Text: Diethard Zils 1981 nach dem französischen "*Nous avons vu les pas de notre Dieu*" von Michel Scouarnec 1973, Melodie: Jo Akepsimas 1973, Verlag Singende Gemeinde, Bretzfeld